KB253829

환경설계를 통한 범죄예방

환경설계를 통한 범죄예방

최 응 렬 著

한국학술정보(주)

머 리 말

"어느 사회든지 일정량의 범죄는 있을 수밖에 없다"는 뒤르껭(Emile Durkheim)의 범죄정상설의 주장을 빌리지 않더라도 우리 사회에서 범죄를 완전히 없앤다는 것은 사실상 거의 불가능하다. 더구나 범죄가 발생한 후에 이를 진압하는 데는 많은 비용이 소요될 뿐만 아니라 피해의 완전한 원상회복도 거의 불가능하다. 따라서 범죄가 발생하기 전에 이를 예방하는 것이 매우 중요하다는 점은 재론의 여지가 없다.

범죄예방대책으로는 여러 가지 방안이 고려될 수 있다. 제지이론(deterrence theory)에서 주장하는 바와 같이 엄격한 형벌을 부과하고 신속하고 확실하게 형벌을 집행하는 것도 한 가지 방안이 될 수 있을 것이다. 또한 상황적 범죄예방이론(situational crime prevention theory)과 같이 범죄가 발생할 수 있는 기회를 사전에 제거하는 방법에 의해서도 가능할 것이다.

범죄예방활동 중에서 환경설계를 통한 범죄예방(CPTED: Crime Prevention Through Environmental Design)으로 부르는 접근방법의 목적은 해당 지역의 방어공간(defensible space)의 특성을 강화함으로써 잠재적 범죄자의 입장에서 볼 때 검거의 위험을 증가시키려는 것이다. CPTED는 건물구조·도로형태 등의 주거환경을 개선하여 침입절도와 같은 기회성 범죄를 감소시키기 위하여 미국·영국 등에서 1980년대부터 도입하여 큰 효과를 거둔 바 있다.

전통적으로 범죄연구는 범죄자의 생물학적·심리학적 요인을 연구하는 소질론적 접근(dispositional approach)과 범죄를 더 빈발케 하는 특정장소에서의 상황적 인자들을 연구하는 상황적 접근(situational approach)의 두 가지 큰 줄기로 구분된다. 소질론적 접근은 범죄란 가해자만에 의한 불법적 행위로 정의되지만, 상황적 접근은 범죄를 가해자와 피해자가 동시에 특정장소에서 벌이는 사건으로 정의되어진다. 이러한 관점에서 볼 때 범죄예방이란 가해자, 피해자, 그리고 건축환경에 의하여 제공되는 범죄유발요인(범행의 기회)을 줄이는 방향으로 변화시키는 것을 의미한다. 이와 같이 상황적 접근은 환경의 설계를 통하여 범죄를 예방할 수 있다는 것이다. 건축이나 환경설계를 통해 상당수의 범죄를 줄일 수 있다는 이론적 근거는 특정한 범죄유형의 경우 범죄분포를 조사하면 뚜렷한 공간적·시간적 패턴이 있다는 사실이다. 즉 특정지역이나 특정시간대가 다른 지역이나 다른 시간대에 비해 더 많은 범죄가 발생한다는 것이다. 이러한 패턴은 바로 특정범죄의 경우 지역의 상황적 요인들이 범죄의 발생에 영향을 미친다는 경험적 증거가 될 수 있는 것이다. 이러한 논리에 근거하여 범죄의 공간적·시간적 분포를 연구하고 이러한 분포상태를 상황적인 요인들과 연관시켜 봄으로써 범죄학자들은 범죄를 유인하는 환경을 통제할 수 있는 가능성을 찾기 시작한 것이다.

환경설계를 통한 범죄예방이론도 이러한 상황적 접근에 착안하여 발전한 것으로 제이콥스(Jane Jacobs), 제퍼리(C. R. Jeffery), 뉴먼(Oscar Newman), 유가와 도시까즈(湯川利和) 등에 의하여 연구된 바 있으며, 우리나라에서도 건축학자를 중심으로 연구된 바 있다.

이 책은 「환경설계를 통한 범죄예방: 주거침입절도를 중심으로」라는 본인의 박사학위논문을 한국학술정보(주)에서 책으로 출간했으면 좋겠다는 제의가 있어 출간하기로 결정하였다. 10여 년 전 박사학위논문을 책으로 출간하는 데 주저하였으나 마침 경찰청에서 2005년 8월까지 판교신도시에 적용할 범죄예방을 위한 설계지침을 제공하고 건설교통부 등 관계기관에서는 판교신도시 기본 계획에 환경설계에 의한 범죄예방 프로그램인 CPTED 기법을 적극 도입하기로 협의한 바 있어 책으로 출간하는 것도 그리 나쁘지만은 않다고 판단하였다.

이 책은 CPTED 이론을 설명하고, 관련 선행연구 및 CPTED 이론을 적용한 범죄예방사례를 기술하고, 실제 주거침입절도범이 주거단지에서 범행 시 고려하는 요인을 분석해 보았다. 즉 주거침입절도범이 주거단지에서 범행 시 목표물의 가치, 접근용이성, 도주용이성, 감시성 등 네 가지 요인 중에서 어떠한 요인을 더 중요시하는지를 분석해 보았다. 그리고 이 네 가지 주요 요인에 각각 몇 개의 지표들을 선정해서 범죄예방을 위해 어떠한 환경설계요인이 더 중요한지 분석해 보고 범죄예방을 위한 전략들을 고찰해 보았다. 또한 최근 경찰청에서 연구된 CPTED의 연구사례도 소개하였다.

모쪼록 이 책이 CPTED 이론을 이해하는 데 도움이 되었으면 한다. 아울러 우리 사회에서 범죄를 예방하는 데 이 책이 조그만 기여라도 되었으면 하는 바람이며, 경찰청에서 관련 정책을 수립하는 데도 일조가 되었으면 한다.

이 책을 출간하는 데 있어 모교의 은사님들의 지도가 큰 힘이 되었으며, 이 책이 나오기까지 물심양면으로 후원해 주신 한국학술정보(주) 임직원 여러분과 편집 및 교정을 위해 애써 주신 편집부 직원 여러분께도 심심한 사례를 드린다.

2006년 5월
동국대학교 동국관에서 저자 씀

목 차

그림 목차

제1장 서 론

제1절 연구의 목적

최근 우리사회는 눈부신 경제성장에 힘입어 물질적으로 더욱 풍요로 워졌으며, 국민의 의식구조와 생활환경에도 크나 큰 변화를 경험하였다. 그러나 고도경제성장의 이면에는 심각한 생태계의 파괴와 환경오염, 주택난과 교통난, 지역 간·도농 간 격차의 심화, 계층 간 분화와 갈등, 세대 간 가치관의 갈등과 규범의식의 약화 등 각종 사회문제가 발생하고 있다.

범죄문제 또한 인류사회의 발상과 더불어 시작되어 오늘날에도 그 심각성은 널리 지적되고 있으며, 범죄는 인간의 기본적 욕구 중 하나인 안전에 대한 욕구(safety needs)를 침해하는 중요한 요소가 되고 있다. 오늘날 이러한 범죄문제는 이를 억제하려는 정부의 강력한 의지에도 불구하고 계속 증가하고 있으며,[1] 죄질의 흉포화현상이 점점 심화되어가고 있다.[2] 특히 주거지역에서 발생하는 범죄는 피해자에게 장기간의 정신적·물리적 고통을 안겨주게 됨은 물론 주거환경에 대한 불안감이나 두려움을 형성시켜 거주자의 주거공간 이용을 제약하고, 이웃 간에 상호불

---

1) 최근 10년간(1983~1992년) 범죄건수가 무려 1.6배나 증가되었다. 법무연수원, 범죄백서, 1993, 24쪽.
2) 1983년부터 1992년까지 지난 10년간 살인, 강도, 강간, 방화 등 강력범죄가 약 10.9%나 증가하고 있다. 상게백서, 45쪽.

신을 증가시키는 등 심리적으로도 부정적인 영향을 끼칠 수 있다.[3]

그런데 이러한 범죄의 양적·질적 변화에 대응하여 그동안 형사사법 기관은 형사사법이념의 발전에 따라 응보와 복수, 형벌과 제재, 교정과 치료 및 범죄예방모형을 적절히 강구하여 범죄통제[4]를 위한 노력을 기울여 왔으나 아직까지도 만족할 만한 수준에 이르렀다고 볼 수는 없는 것 같다. 즉, 지금까지 우리나라는 범죄문제에 대해서 예방보다는 주로 단속에 치중하고 일시적인 실적을 중시하며 문제의 근본을 해결하기보다는 임시적인 상황대응에 중점을 두는 경향이 농후했다.[5] 이처럼 강력한 범죄대책이 범죄감소효과를 크게 거두고 있지 못한 것은 개인적·사회적 병리현상으로 설명할 수도 있으나 강력한 처벌위주의 범죄대책이 한계를 가질 수밖에 없음을 보여주는 것으로 생각된다.

1992년에 우리나라 가구의 11.3%가 강도·절도 등의 범죄피해를 당했고, 국민의 57.6%가 범죄피해에 대한 두려움을 느끼면서도 이에 대한 대비가 미흡하고, 범죄피해를 당했을 경우에도 81.5%가 신고하지 않는 것으로 나타났다.[6] 그런데 더욱더 심각한 문제는 범죄피해자의

---

3) 사회전반에 걸쳐 범죄의 피해자가 될지도 모른다는 두려움이 만연한다면 그에 따른 여파는 국민생활을 불안하게 만들고, 낯선 사람들을 불신하게 되며, 이것은 곧 사회의 발전을 저해하여 결국 공동체의 유대를 약화시킬 수도 있을 것이다.

4) 김보환, "효과적 범죄통제를 위한 방범체제의 개선: 도시경찰을 중심으로," 경찰대학 치안연구소, 치안논총, 제6집(1989), 20~21쪽: C. Ray Jeffery, *Crime Prevention Through Environmental Design*(Beverly Hills, California: Sage Publications, Inc., 1977), pp. 16~36.

5) 그동안 「특정범죄가중처벌 등에 관한 법률」의 형량을 늘리거나 중범죄의 가중요건을 계속 추가해 왔고, 1990년 12월 31일에 「특정강력범죄의 처벌에 관한 특례법」을 제정하는 등 엄중한 형벌을 가하는 방법을 취해 왔다.

6) 통계청, 한국의 사회지표, 1993, 328~334쪽.

50.3%가 자신의 범죄피해를 신고해도 성과가 없을 것 같아서 신고하지 않는다는 점이다.[7]

이와 같이 범죄피해에 대한 시민들의 신고율이 낮다는 것은 시민들이 형사사법기관에 의한 범죄통제활동(범죄예방과 진압)과 그 능력을 불신하고 있음을 의미한다. 이러한 관점에서 범죄에 대한 최선의 대책은 사전에 범죄를 예방하는 것이라고 할 수 있는데, 이에 대한 연구나 제도적인 장치가 미흡하고 그 중요성에 대한 인식도 높지 않아 이를 고찰해 보는 것은 매우 가치 있는 일이라 할 것이다.

기존의 범죄통제방법이 그동안 어느 정도 범죄를 예방하는 데 효과가 있었음을 부인할 수는 없다 하더라도 어떤 한 가지 방법만으로는 범죄의 감소를 기대하기가 어렵다는 것이 오랜 경험과 실증적 연구결과 등을 통해서 입증되어 왔다.[8] 그리고 설사 형벌이 범죄의 예방에 크게 효과가 있다고 하더라도 범죄자들을 빠짐없이 검거하기란 불가능하며 검거한 범죄자들을 교도소에 수용하는데도 비용 등[9]의 이유로 한계가 있을 수밖에 없다는 인식이 확산되면서 범죄의 발생을 사전에 예

---

7) 상게서, 332쪽.

8) 신현주, "형사정책에 있어서의 현대적 추세와 그 정책적 의미," 법무부, 법무자문위원회논설집, 제3집(1979. 12), 5~13쪽: 이수성·한인섭, "세계 범죄학의 연구동향분석," 서울대학교 법학연구소, 서울대학교 법학, 통권 62·63호(1985. 10), 123~129쪽.

9) 범죄와 관련하여 안게 될 부담은 범죄로 인한 인적·물적 피해, 형사사법 기관의 활동예산 등 범죄예방에 소요되는 비용, 형 집행에 드는 비용 등 직접적인 비용과 범죄의 위협으로 인한 시민들의 행위패턴의 변화, 가석 방, 보호관찰 등의 사회적 처우에 드는 비용, 그리고 형을 치른 후 사회로 복귀하는 사람들을 위해 직업, 숙식 기타 생활여건의 제공에 드는 비용 등 간접적 비용을 들 수 있다. 결국 범죄는 궁극적으로 국가와 지역사회의 책임영역이자 부담으로 되돌아오게 되는 것이다.

방할 수 있는 방안에 관한 논의가 활기를 띠어가고 있다.[10]

그동안 범죄예방에 대한 연구는 범죄행위를 유발하는 물리적・사회적 환경을 개선시키려는 일차적 범죄예방(primary crime prevention: 환경설계, 이웃감시, 민간경비, 범죄예방에 대한 교육), 잠재적인 범죄자를 조기에 발견하고 비합법적인 행위가 발생하기 이전에 이를 예방하고자 하는 이차적 범죄예방(secondary crime prevention)과 범죄자를 대상으로 더 이상 범죄를 저지르지 않도록 하기 위한 형사사법기관의 삼차적 범죄예방(tertiary crime prevention)활동을 중심으로 이루어져 왔다고 볼 수 있다.[11]

이러한 범죄예방활동 중에서도 특히 환경의 설계나 개선을 통해 범죄를 예방하려는 연구가 상당히 축적되어 왔다. 엔젤(Shlono Angel)은 범죄예방과 환경설계에 관한 선구자적 연구를 통하여 범죄율은 사회적・물리적 환경, 영역성, 접근용이성, 피해자의 행태와 관련이 있다고 주장하고 있다.[12] 뉴먼(Oscar Newman)은 주거공간의 설계나 도시환경의 조성 등을 통하여 범죄를 예방할 수 있다는 방어공간에 관한 연구를 하였다.[13] 이 밖에도 환경설계와 범죄예방에 관한 연구로서는 제퍼리(C. R. Jeffery)의 환경설계를 통한 범죄예방에 관한 연구,[14] 유가

---

10) 이황우, "경찰의 범죄예방활동," 한국형사정책연구원, 범죄예방정책과 방향(제13회 형사정책세미나 자료집), 1994. 9. 30, 68쪽: 조병인, 범죄대책론(서울: 도서출판 한림원, 1993), 169~201쪽.

11) Steven P. Lab, *Crime Prevention: Approaches, Practices and Evaluation*(Cincinnati, Ohio: Anderson Publishing Co., 1988), pp. 10~13.

12) Shlono Angel, Discouraging Crime Through City Planning, in C. Ray Jeffery, *op. cit.*, p. 191에서 재인용.

13) Oscar Newman, *Defensible Space*(New York: Macmillan Publishing Co., Inc., 1972).

와 도시까즈(湯川利和)의 연구15) 등이 있다.

이 연구들을 살펴보면 주거단지의 설계 및 주동의 형식에 따라서 발생하는 범죄의 유형이 각각 다르며, 범죄가 발생하는 장소 또한 환경적인 특성과 관련이 있음을 밝히고 있다. 또한 범죄가 주로 시간적·공간적으로 주민의 감시권에서 벗어난 사각지대에서 행해지고 있다는 사실은 범죄취약공간이 되고 있는 환경개선이나 범행기회의 제거를 통하여 범죄피해를 줄일 수 있음을 의미한다.

지금까지 우리나라에서는 이러한 이론적 배경을 토대로 주변환경이나 공간특성이 범죄발생이나 범죄불안감에 미치는 영향에 대해서는 거의 관심을 기울이지 못하였다. 그러나 1980년대 후반부터 양동양 등16) 일부 건축학자들을 중심으로 환경설계를 통한 범죄예방에 관한 연구가 시작되었다. 특히 1990년 12월에 건설부는 경찰청과 건축사협회의 협조를 거쳐 「주거용 건축물의 방범설계요령」17)을 마련하여 각 시·도에 시달하고 건축가 및 건축사로 하여금 설계에 적극 반영토록 함으로써 주거단지에서 발생하는 범죄를 예방하기 위한 방안을 제시하고자 하였다. 그러나 이 연구들은 단순히 외국의 사례를 소개하는 데 그침으로써 한국의 현실에 적용하는 데 부적합하다는 점 때문에 제대로 시행되지 못하고 있는 실정이다. 게다가 우리 실정에 맞는 방어공간이나 주변환경에 대한 설계나 개선을 통한 범죄예방에 관한 연구 또한 일천한 실정이어서 범죄문제

---

14) C. Ray Jeffery, *op. cit.*

15) 湯川利和, 不安な高層 安心な高層: 犯罪空間學序說(京都: 學藝出版社, 1987).

16) 김영·양동양, "방범대책을 고려한 방어공간으로서의 아파트 설계방법에 관한 연구," 대한건축학회, 대한건축학회논문집, 제2권 제1호(1986. 1).

17) 이 요령은 범죄유발요인의 제거, 자율적 공동감시의 강화, 외부침입의 방지, 방범설비의 도입·활용 등 네 가지 사항으로 이루어져 있다.

와 환경설계에 관한 체계적인 연구도 시급하다고 생각된다.

그러므로 범죄예방은 경찰력과 같은 공식적인 형사사법기관에 의한 것도 중요하지만, 이러한 조치에 앞서 주거단지 거주자들의 공간이용형태와 범죄가 발생하는 공간구조의 분석을 강조하는 환경설계를 통한 해결방안도 강구될 필요가 있다. 이와 같은 환경설계를 통한 범죄예방은 범죄피해의 원상회복이 어렵다는 측면뿐만 아니라 범죄자의 범행동기를 유발하는 취약공간과 범행기회가 될 수 있는 목표물을 사전에 제거하거나 자연스러운 감시를 강화하여 범죄를 예방할 수 있고, 범죄로부터 주민의 안전을 확보할 수 있다는 측면에서도 매우 바람직한 방법이다.

따라서 이 연구에서는 환경설계를 통하여 범죄발생을 감소시킬 수 있다는 전제하에 환경설계를 통한 범죄예방이론을 고찰한 후, 주거침입절도범이 실제 주거단지에서 목표물을 선택할 때 고려하는 요인들을 밝혀 범죄예방을 위한 구체적인 전략을 모색해 보고자 하는 데 그 목적이 있다. 이는 주거환경의 설계나 개선을 통하여 일시적이고 우발적인 주거침입절도범[18]을 직접적으로 예방하는 데 효과가 있으리라고 생각한다. 또한 주거환경의 설계나 개선은 지역사회의 유대를 강화시켜 범죄예방에 간접적인 효과도 미칠 수 있다고 본다.

---

18) 주거침입절도범의 상당수는 일시적으로 돈이 급한데 때마침 목표물에 쉽게 접근할 수 있는 기회가 제공되어 범행을 우발적으로 한다. 스카(Scarr)는 아마추어적인 침입절도(amateur burglary)란 "통상적으로 나이가 어리고 경험이 풍부하지 못하며 수법도 정교하지 못할 뿐만 아니라 전문성도 상당히 결여된 자"로 묘사하고 이들 범죄자는 그 때 그 때 형편에 따라서 주먹구구식으로 범행을 한다고 한다. H. A., Scarr, *Patterns of Burglary*(Washington, D.C.: National Institute of Law Enforcement and Criminal Justice, 1972), 심영희 외, "강·절도범죄의 실태에 관한 연구,"(연구보고서 90-26), 1992, 61쪽에서 재인용.

제2절 연구의 범위 및 방법

1. 연구의 범위

환경설계를 통한 범죄예방이론은 이미 주거단지를 넘어서서 가로(街路)지역 및 상업지역으로까지 그 범위가 확대되고 있지만 이 연구에서는 주거단지에서의 안전이 무엇보다도 중요하다고 생각되어 주거환경으로 그 범위를 한정하였다.

환경설계이론을 통하여 예방할 수 있는 범죄로는 시설물파손 및 낙서(vandalism행위), 비침입절도(자전거·오토바이·배달물 도난 등), 침입절도, 성범죄 및 폭력이나 강력범죄 등을 들 수 있다. 그러나 주거단지에서 발생하는 범죄 중 가장 심각한 것이 주거침입절도라고 생각된다. 즉, 1972년부터 1991년까지의 절도범죄 발생상황을 보더라도 주택가에서의 절도가 27.7%로 노상(28.5%) 다음으로 많은 수치를 점하고 있으며,[19] 절도죄의 유형별 분포나 절도죄로 체포되었거나 복역한 적이 있다고 응답한 절도범 중에서도 침입절도율이 가장 높게 나타나고 있어[20] 주거침입절도만을 대상으로 한 연구도 그 의의가 크다고 생각되어 이 연구에서는 주거침입절도만을 대상으로 하였다. 또한 절도란 타인의 재물을 절취하는 것(형법 제329조)으로서 현행 형법에 의하면 단순절도죄를 기본구성요건으로 하고 야간주거침입절도죄, 특수절도죄

---

19) 이상철·기광도, "범죄발생의 추세분석: 1964-1991,"(연구보고서 93-05), 한국형사정책연구원, 1994. 3, 111쪽.
20) 심영희 외, 전게연구보고서, 68쪽.

및 상습절도죄를 이에 대한 가중적 구성요건으로 상정하고 있다. 그러나 이 연구에서는 법률적인 개념이나 주·야간, 흉기휴대 여부와 관계없이 주거에 침입하여 범하는 일체의 절도를 포함하는 의미로 주거침입절도란 용어를 사용하였다.

한편 일반적으로 환경설계(environmental design)라고 할 때의 환경이란 인간환경, 물리적 환경, 사회적 환경을 두루 포함하는 개념을 의미한다. 또한 환경설계를 통한 범죄예방(CPTED: Crime Prevention Through Environmental Design)이란 물리적 설계, 주민참여, 경찰활동 등 세 가지 요소를 종합적·계획적으로 결합하여 지역사회 전체, 특정구역, 교육기관, 교통수단 등을 범죄로부터 안전하게 보호하고 범죄에 대한 두려움을 제거하는 방범기법을 지칭하고 있다.[21] 그러나 이 연구에서 말하는 환경이란 원칙적으로 설계, 계획에 의해 조성된 물리적 환경을 의미하며, 주거환경 내에서 방범과 관련되는 사회적 환경도 일부 포함하는 개념으로 사용하였다.

이 연구의 구성은 다음과 같다.

첫째로 범죄예방의 중요성을 고찰하고, 환경설계를 통한 범죄예방이론과 선행연구를 분석·검토하여 이론적 틀을 구성하였다.

둘째로 환경설계를 통한 범죄예방이론을 적용하여 범죄예방효과를 거두고 있는 외국의 사례를 분석·고찰하여 연구에 필요한 시사를 얻었다.

셋째로 환경설계를 통한 범죄예방이론의 타당성을 검증하고자 주거

---

21) National Crime Prevention Institute(NCPI), *Understanding Crime Prevention*(Stoneham, MA: Butterworths Publishers, 1986), p. 123; 치안본부, 미국경찰, 1988, 503~506쪽.

침입절도가 범행 시 고려하는 요인 중 목표물의 가치, 접근용이성, 도주용이성 및 감시성 등의 요인을 설정하여 주거침입절도범을 대상으로 설문지를 통한 면접조사를 실시하고, 각종 통계기법을 통하여 주거침입절도범이 범행 시 어떠한 요인을 중시하는지를 분석하였다.

끝으로 이론적 배경과 조사분석결과에 기초하여 주거환경에서의 범죄와 범죄의 두려움으로부터 벗어나 삶의 질을 향상시킬 수 있는 방안을 제시하고, 이 연구를 통해 제시되는 시사점과 한계점에 대하여 논하였다.

2. 연구의 방법

우선 환경설계를 통한 범죄예방의 연구는 어떤 특정지역에서 범죄가 다발하는 것이 환경설계가 잘못되었음을 입증할 수 있는 공식적인 자료(보고된 범죄)들을 제시하거나 아니면 어느 특정지역이 범죄취약공간이라는 것을 범죄자를 통해 알아보는 방법이 있을 수 있다. 또한 범죄피해의 직접 당사자가 아닌 일반주민에게 범죄피해경험을 물어보고 그 결과를 토대로 환경설계방안을 고려하는 연구방법도 생각할 수 있다.

그런데 지금까지 우리나라에서는 임승빈,[22] 도건효 등[23]에 의해 경

---

22) 임승빈 · 박창석, "범죄예방을 위한 주거단지 설계기준에 관한 연구: 도시권의 K시를 대상으로," 대한건축학회, 대한건축학회논문집, 통권 제48호 (1992. 10), 55~64쪽: 임승빈, "대규모 주택단지의 범죄발생현황과 환경계획적 대응방안: 국내기존연구결과의 비교 · 분석," 대한건축학회 건축심리위원회, 주거단지 범죄예방을 위한 건축환경계획 세미나 발표집, 1993. 12. 4, 4~20쪽.

23) 도건효 외, "공동주택의 범죄방어공간도입에 관한 연구",(연구보고서 91-04), 한국형사정책연구원, 1992; 도건효, "공동주택의 범죄예방에 관한

찰서의 범죄사건부 및 의견서철 또는 주민들의 범죄피해조사나 공동주택의 관리특성 등을 통하여 공동주택단지의 계획 시 방어공간의 도입방법에 대한 기초적인 자료가 제시되었다. 그러나 범죄자가 실제 범행 시 중시하는 환경적인 요인에 관한 연구는 아직까지 없는 실정이다.

따라서 이 연구에서는 앞에서 기술한 연구목적을 달성하기 위하여 크게 다음과 같은 두 가지 연구방법을 선택하였다.

첫째로 문헌조사(documentary review)를 통하여 범죄예방을 위해 고려될 수 있는 환경설계요인을 이론적으로 검토하였다. 특히 이 연구의 이론적 토대가 되고 있는 환경설계를 통한 범죄예방이론에 대해서도 장을 달리하여 이 이론의 성립배경, 주요내용, 장점 등에 대하여 자세히 기술하고, 적용사례도 검토해 보았다. 또한 이 연구의 논제와 관련이 있다고 생각되는 관련연구성과들을 소개함으로써 환경설계를 통한 범죄예방을 위한 시사점을 얻고자 노력하였다.

둘째로 일반적으로 환경설계론자들은 범죄예방을 위한 환경설계요인들을 여러 가지 열거하고 있으나 이 연구에서는 경인지역의 한 개 교도소와 두 개 구치소에 수용 중인 주거침입절도범을 선정하여 그들이 실제 주거환경에서 범행 시 고려하는 요인을 목표물의 가치, 접근용이성, 도주용이성 및 감시성 등의 항목으로 나누어 설문지를 통한 면접조사를 실시하였다. 그리고 그 결과를 빈도분석, 교차분석, 상관관계분석 및 로짓회귀분석을 함으로써 가설검증을 시도해 보았다.

연구목적에 입각한 구체적인 조사방법에 관해서는 제4장 제1절에서 자세히 설명하였다.

건축계획적 연구: 대도시 아파트의 범죄예방대책을 중심으로," 중앙대학교 대학원, 박사학위논문, 1992.

제2장 이론적 배경 및 선행연구의 검토

앞에서 고찰한 바와 같이 형벌과 치료·교정에 의한 범죄통제가 실패했다는 실증적 연구결과들[1]과 전통적인 공식적·비공식적 범죄통제기능[2]의 한계가 인식되면서 범죄를 산출하는 사회적·성격적 요인보다는 그 범죄를 둘러싼 환경을 강조하는 범죄예방이론이 각광을 받게 된 것이다. 뉴먼(Oscar Newman)[3]이나 제퍼리(C. R. Jeffery) 같은 학자들은 범죄를 낳는 특별한 환경이 있다고 말하면서 범죄에 대한 위험성을 내포하고 있는 물리적 환경을 찾아내어 개선 내지 변형시킴으로써 범죄로부터의 희생을 줄이고, 훨씬 용이하게 범죄통제를 할 수 있다고 주장한다. 즉, 형벌의 수준을 높이거나 범죄의 원인이라고 생각되는 소질이나 요인들을 제거 혹은 개선하는 방안으로는 범죄를 감소시키는

---

1) Robert Martinson, et. al., *Effectiveness of Correctional Treatment: A Survey of Treatment Evaluation Studies*(New York: Praeger, 1975); H. L. Witmer and E. Tufts, *The Effectiveness of Delinquency Prevention Programs*(Washington, D.C.: Children's Bureau, 1954).

2) 성야주홍(星野周弘)은 도시화에 따른 인구의 이질성, 규범갈등, 익명성 등으로 관습이나 도덕 등에 의한 범죄통제기능의 약화, 핵가족화와 가족기능의 약화 및 지역사회조직의 해체 등으로 가족이나 지역사회 등에 의한 비공식적 범죄통제기능이 약화되고 있다고 지적한다. 또한 도시화에 따라 법령을 배경으로 한 형사사법기관 등 공식적 범죄통제기능과 학교·복지기관 등 제2차 사회기관에 의한 범죄통제기능의 약화현상도 지적하고 있다. 星野周弘, 범죄사회학원론(동경: 立花書房, 1981), 533~535쪽.

3) Oscar Newman, *Defensible Space*(New York: Macmillan Publishing Co., Inc., 1972).

데 한계가 있다는 사실이 공통적으로 입증되었기 때문에 이에 대한 성찰의 결과로 피해자가 피해를 당하게 된 원인을 규명하거나 혹은 피해자를 고통으로부터 벗어나도록 지원하는 방법 등 피해자학적 사고[4]에 입각한 범죄예방대책도 널리 호응을 얻게 된 것이다. 범죄예방활동 중에서 여기에서 다루게 될 환경설계를 통한 범죄예방(CPTED: Crime Prevention Through Environmental Design)으로 부르는 접근방법의 목적은 해당지역의 방어공간의 특성을 강화함으로써 잠재적 범죄자의 입장에서 볼 때 검거의 위험을 증가시키려는 것이다.[5]

전통적으로 범죄연구는 범죄자의 생물학적·심리학적 요인을 연구하는 소질론적 접근(dispositional approach)[6]과 범죄를 더 빈발케 하는 특정장소에서의 상황적 인자들을 연구하는 상황적 접근(situational approach)[7]

---

4) 범죄문제에 있어 피해자의 역할을 최초로 광범위하게 분석·논의한 문헌은 1948년 헨티히(Hentig)가 미국에서 발표한 「범죄자와 그의 피해자(The Criminal and His Victim)」란 책이 있다. Hans von Hentig, *The Criminal and His Victim*(New Haven, Connecticut: Yale University Press, 1948).

5) National Crime Prevention Institute(NCPI), *Understanding Crime Prevention*(Stoneham, MA: Butterworths Publishers, 1986), p. 123.

6) 이상현, 범죄심리학(개정판)(서울: 박영사, 1994), 19~63쪽.

7) 상황적 범죄예방(situational crime prevention)이란 영국 내무성(The British Goverment's Home Office Research Unit)에 의해 연구·개발된 것으로 단순히 범죄의 기회(opportunity)를 줄이는 데 의존하는 범죄예방이다. 예를 들면 가해자에 대해서는 체포의 위험(비용과 보상의 산출)을 느끼게 하는 공간구성이 강조되기도 하고, 피해자에 대해서는 범죄자의 접근이 어렵도록 방비를 강화하거나 범행유인요소를 제거하는 등의 방법활동을 뜻한다.
小出治 外譯, デザインは犯罪を防ぐ: 犯罪防止のための環境設計(東京: (財)都市防犯研究センター, 1991), 171~172쪽. Trevor Bennett, "Situa-

의 두 가지 큰 줄기로 구분된다.[8] 소질론적 접근에서 범죄란 가해자만에 의한 불법적 행위로 정의되지만 상황적 접근은 범죄를 가해자와 피해자가 동시에 특정장소에서 벌이는 사건으로 정의되어진다. 이러한 관점에서 볼 때 범죄예방이란 가해자, 피해자, 그리고 건축환경에 의하여 제공되는 범죄유발요인(범행의 기회)을 줄이는 방향으로 변화시키는 것을 의미한다. 이와 같이 상황적 접근은 환경의 설계를 통하여 범죄를 예방할 수 있다는 것이다. 건축이나 환경설계를 통해 상당수의 범죄를 줄일 수 있다는 논리적 근거는 특정한 범죄유형의 경우 범죄분포를 조사하면 뚜렷한 공간적·시간적 패턴이 있다는 사실이다. 즉, 특정지역이나 특정시간대가 다른 지역이나 다른 시간대에 비해 더 많은 범죄가 발생한다는 것이다. 이러한 패턴은 바로 특정범죄의 경우 지역의 상황적 요인들이 범죄의 발생에 영향을 미친다는 경험적 증거가 될 수 있는 것이다. 이러한 논리에 근거하여 범죄의 공간적·시간적 분포를 연구하고 이러한 분포상태를 상황적인 요

---

tional crime prevention from the offenders' perspective," in Kevin Heal and Gloria Laycock(eds.), *Situational Crime Prevention: From Theory and Practices*(London: Her Majesty's Stationery Office, 1986), pp. 41~53. Clarke는 상황적 범죄예방은 ① 특정한 범죄유형을 대상으로 하고 ② 가능한 한 체계적이고 지속적으로 환경을 관리하고 설계하거나 조정하는 것이며 ③ 잠재적 범죄자들에 의해 인식되는 검거의 위험성을 증가시키는 것을 내용으로 한다. 이러한 상황적 범죄예방은 특정한 범죄행위를 예방하기 위한 단기적 대책을 개발하는 데 역점을 두게 되는 것이다. Ronald V. Clarke, "Introduction," in Ronald V. Clarke(ed.), *Situational Crime Prevention: Successful Case Studies*(New York: Harrow and Heston Publishers, 1992), pp. 3~5.

8) 이경훈, "환경디자인을 통한 범죄예방: 그 이론적 배경과 연구실태," 대한건축학회 건축심리위원회, 주거단지 범죄예방을 위한 건축환경계획 세미나 발표집, 1993. 12. 4, 22~23쪽.

인들과 연관시켜 봄으로써 범죄학자들은 범죄를 유인하는 환경을 통제할 수 있는 가능성을 찾기 시작한 것이다. 환경설계를 통한 범죄예방이론도 이러한 상황적 접근에 착안하여 발전한 것으로 여기에서는 제퍼리(C. Ray Jeffery)의 이론과 뉴먼(Oscar Newman)의 방어공간이론(Defensible Space Theory)에 대하여 고찰해 보고자 한다.

제1절 이론의 성립배경과 전략

1. 환경설계를 통한 범죄예방이론

1) 이론의 성립배경

초기의 범죄학은 범죄자 측면을 강조한 반면 피해자 혹은 범죄발생 상황에 대한 연구는 소홀히 한 점이 있었다. 즉, 범죄예방을 위한 피해 자조사 혹은 범죄발생상황 그 자체는 이차적인 관심사에 불과하였다. 따라서 범죄와 물리적 환경과의 관계 혹은 범죄가 발생하는 지역의 환 경적 특성은 연구대상에서 제외되었고, 결과적으로 범죄학의 범주에서 범죄발생장소의 물리적 특성에 대한 연구는 찾아보기 힘들다.

초기의 사회학에 근거한 범죄연구에서 물리적 환경이 관심의 대상이 된 것은 범죄가 일정지역에서 자주 발생한다는 관점에서부터 시작되었 다. 이것은 범죄가 모든 지역에 골고루 분포되어 발생하는 것이 아니라 일정지역에서 일정대상을 목표로 일정시간에 주로 반복된다는 사실에 대한 발견이었다. 즉, 범죄발생은 지역이나 피해자 측면에서 임의성이 없으며, 대신 일정한 범죄취약지구가 존재하고 대개 이 지역을 중심으로 반복해서 범죄가 발생한다는 것이다.

이 경우 범죄의 지역편중현상을 범죄자의 개인적 성향이나 사회적 배경만으로는 설명하기가 곤란하고, 오히려 그 지역의 환경적 특성의 차이에 기인하는 것으로 보는 것이 더 타당하다는 점이다. 즉, 어느 지역의 내부환경과 주변환경 등 일정한 물리적 환경의 특성이 범죄기회구조(범죄의 실리효과, 발각위험, 범행용이성, 도주용이성 등 범죄요인이 중합적 구조)를 제공하여 그 장소에서의 범죄발생을 유도한다는 것이다.

환경설계를 통한 범죄예방이란 "범죄로부터 피해를 입을 가능성이 있는 잠재적 피해자들을 보호하기 위하여 범죄의 구성요건이 되는 가해자, 대상(피해자), 장소(건축환경의 특성)들 간의 상관관계를 분석하여 범죄를 예방하거나 범죄의 불안감을 감소시키기 위한 일련의 물리적 설계"를 의미한다.

이와 같은 CPTED의 기본개념은 뉴먼(Oscar Newman)의 "방어공간(defensible space)" 개념에서 출발하여 널리 알려지게 되었으며, 물리적 환경과 범죄를 연결시킨 주요 이론가들은 뉴먼(O. Newman), 제퍼리(C. Ray Jeffery), 그리고 가디너(Richard A. Gardiner)를 들 수 있다.[9] 방어공간이란 사회 자체를 방어하는 물리적인 사회구조를 창출함으로써 범죄를 억지할 수 있는 모델을 가정하고 있다. 즉, 지역의 겉모습과 설계는 거주자에게 지역사회에 대한 보다 많은 관심과 접촉은 물론 지역의 개선과 이용을 증가시켜 범죄통제와 범죄의 제거에 기여할 수 있다는 것이다. 반

---

9) Robert L. O'Block, *Security and Crime Prevention*(St. Louis, Missouri: The C. V. Mosby Company, 1981), p. 18.

면에 물리적 개선과 지역에 대한 관심은 잠재적 범죄자에게는 합법적인 이용자의 출현으로 감시의 증가를 가져오고, 범죄제거에 대한 지역사회의 관심 때문에 범죄자는 범죄를 하는 데 큰 위험을 느끼게 된다는 것이다.[10] 이 개념은 학교, 상업지역, 주거지역, 공항이나 버스터미널지역에서 성공적으로 입증되었으며, 지금도 공장 등에서 널리 채택되고 있다. 왜냐하면 많은 시정부에서 추가로 경찰관을 고용하거나 지역사회를 보호하기 위해 자금을 더 지불하는 것보다 범죄예방을 위해서 환경을 설계하는 것이 더 저렴하고 효과적이라는 것이 밝혀졌기 때문이다.[11]

2) CPTED의 개념

CPTED란 Crime Prevention Through Environmental Design의 영어 두문자어로 우리말로는 일반적으로 환경설계를 통한 범죄예방이라고 표현하고 있다. 구체적으로는 도시환경을 범죄에 대비할 수 있도록 적절한 건축설계나 도시계획 등을 통하여 방어적으로 설계(defensible space)함으로써 범죄가 발생할 기회를 줄이고 도시민들이 범죄에 대한 두려움을 덜 느끼고 안전감을 유지하도록 하여 궁극적으로 삶의 질을 향상시키는 종합적인 범죄예방전략을 말한다. 즉, CPTED란 범행을 더 어렵게 하고 거주자에게는 자기들의 환경 속에서 더욱더 안전을 느끼도록 하는 것을 의미한다. 이러한 행태적 효과는 범죄행동을 유인하는

---

10) Steven P. Lab, *Crime Prevention: Approaches, Practices and Evaluation*(Cincinnati, Ohio: Anderson Publishing Co., 1988), p. 17.
11) Timothy D. Crowe, *Crime Prevention Through Environmental Design*(Boston: Butterworth-Heinemann, 1991), pp. 27~28.

물리적 환경특성을 변경시켜 특정지역의 방어공간특성을 높임으로써 범죄의 위험성을 증가시키려는 것이다. 예를 들면 조명의 증가, 시건장치(施鍵裝置)의 개선, 문의 강화, 감시장비의 이용, 기타 물리적인 환경의 변화는 사회적 응집, 시민의 관심과 참여를 가져오고, 궁극적으로는 범죄를 예방하고, 범죄에 대한 두려움을 감소시키는 것을 뜻한다.[12]

환경설계는 인간과 환경 간의 관계를 설계하는 데 근원을 두고, 몇 가지 개념을 유형화하고 있다. 환경이란 용어는 사람과 사람들이 사는 물리적·사회적 환경을 포함하는 개념이고, 설계라는 용어는 사람들이 환경과 상호작용할 때 인간의 행동에 긍정적으로 영향을 끼칠 수 있도록 환경을 변경시키는 것을 의미한다. 그래서 CPTED 프로그램은 환경 자체에 밀접하게 연관된 변인들을 조작함으로써 일정한 환경 안에서 발생하는 어떤 특정범죄나 두려움을 예방하려는 것이다.

CPTED는 물리적 공간의 설계, 공간에 대한 정상적이고 기대되는 이용, 진실한 이용자와 범죄자의 예측 가능한 행동을 포함한다. 그리고 공간의 효과적인 이용을 높이기 위한 범죄예방전략을 통합하는 것이다.[13]

3) CPTED 전략

CPTED 전략 속에는 자연적인 접근통제, 자연적인 감시, 영역적인 강화 등 세 가지의 중복되는 전략이 존재한다. 접근통제와 감시는 물리적 설계프로그램의 주요 개념이 되어 왔다. CPTED 프로그램의 초기에 접근통제와 감시는 많은 관심을 받았다. 접근통제와 감시는 상호 배타적인 것은 아니고 상호 지원하는 관계라고 할 수 있다. 그러나 각각의

---

12) *Ibid.*, pp. 15~16.
13) *Ibid.*, pp. 28~29, p. 40.

운영은 명백히 다르고 그 차이는 분석, 조사, 설계, 실행 및 평가를 통해서 밝혀질 수 있다.

접근통제는 범죄기회를 줄일 목적의 설계개념이다. 접근통제전략은 전형적으로 조직적인 통제(경비원), 기계적인 통제(시건장치), 그리고 자연적인 통제(공간구획)로 분류된다. 접근통제전략의 주요한 요점은 범죄목표물에의 접근을 차단하는 것이고, 범죄자에게 체포의 위험을 인식시키는 것이다.

감시는 침입자를 계속 관찰 아래 둘 목적의 설계개념이다. 그러므로 비록 침입자가 위험을 더 많이 인식했기 때문에 효과적으로 침입하지 못함으로써 접근통제의 효과를 달성할 수 있을지라도 감시전략의 주요한 요점은 관찰을 이용하는 것이다. 감시전략은 전형적으로 조직적인 감시(경찰순찰), 기계적인 감시(조명), 그리고 자연적인 감시(창문)로 분류된다(〈그림 2-1〉참조).

〈그림 2-1〉 전형적인 접근통제와 감시개념

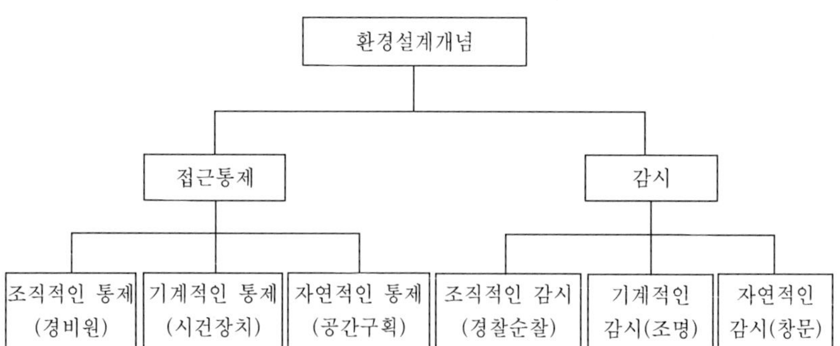

※ 자료: Timothy D. Crowe, *Crime Prevention Through Environmental Design*(Boston: Butterworth-Heinemann, 1991), p. 31.

전통적으로 설계개념으로서의 접근통제와 감시는 태도와 동기, 그리고 물리적 환경의 이용을 최소화하고 무시하는 동안에 기계적이거나 조직적인 범죄예방기법이 강조되어 왔다. 그러나 물리적 환경설계에 대한 최근의 연구는 범죄예방을 위해 환경에 의해 제시되는 자연적인 기회를 이용함으로써 자연스럽게 범죄를 예방하는 기법을 강조하고 있다.

이와 같은 강조의 변화는 영역성의 변화로 나타났다. 영역성의 개념은 물리적 설계가 영역감에 기여할 수 있도록 하자는 것이다. 즉, 물리적 설계는 소유의식(영토적인 영향력을 느끼는 의식)을 개발하고, 잠재적인 범죄자가 그와 같은 영토적인 영향력을 인식할 수 있도록 영향력의 범위를 창출하거나 확대하는 것이다. 동시에 자연적 접근통제와 감시는 범죄예방을 위해 효과적인 영역감의 조성에 기여하는 것으로 인식되고 있다. 자연적 접근통제와 감시는 그들의 영역을 보호하는 데 있어서 이용자들이 더욱더 관심을 갖게 될 것이고, 범죄자에게는 더 많은 위험을 느끼게 할 것이다.

또한 CPTED는 환경의 효과적인 이용을 통해 범죄예방을 기하기 위하여 본질적으로 조직적이고 기계적인 전략에서 자연적인 전략으로 중점을 바꾸는 데 기여하고 있다. 이것은 있는 그대로의 환경 자체를 자연적·일상적으로 이용하여 적극적인 행동을 유도함으로써 접근통제와 감시효과를 거두려는 것이다.[14)]

조직적·기계적 전략에서 자연적 전략에로의 변경은 자연적 접근통제와 감시, 그리고 영역강화를 강조하는 계획을 개발하기 위한 CPTED를 적응시키는 것이다. 비록 개념적으로는 구분되더라도 실제로 이들 전략들을 실행하는 데는 중첩되어 나타난다. 따라서 영역강화, 자연감시와 접

---

14) *Ibid.*, p. 31.

근통제를 독립적인 전략으로 생각하는 것은 실용적이지 못하고, 이들을 종합적으로 고려하는 것이 중요하다.

이와 마찬가지로 공적 공간을 이용하고 활용하는 것을 공식적으로 통제하지 않더라도 주민들에 의해 외부인의 침입이 자연스럽게 관찰될 수 있는 가능성을 증가시키도록 자연적 감시가 이루어지게 해야 한다.[15]

또한 CPTED는 물리적인 도시설계뿐만 아니라 행태과학과 사회과학, 법집행, 그리고 지역사회조직에서의 당시의 사고를 잘 나타내고 있다.

설계와 이용에 대한 강조는 범죄예방에 대한 전통적인 취약점 제거에서 벗어나 있다. 전통적인 목표견고화는 주로 물리적·인위적인 장애물기법(시건장치, 경보장치, 울타리, 문 등)을 통해서 범죄목표물에의 접근을 부정하는 것에 중점을 두고 있다. 목표견고화는 흔히 이용, 접근, 그리고 견고화된 환경에 속박된다. 게다가 전통적 접근은 자연적인 접근통제와 감시기회를 무시하는 경향이 있다. 여기에서 자연적이라는 용어는 환경의 정상적이고 일상적인 이용의 부산물로서 접근통제와 감시효과를 획득하려는 것이다. 인위적이거나 기계적인 견고화와 감시의 효과를 달성하기 위한 환경의 정상적이고 자연적인 이용을 채택하는 것이 가능하다. 그럼에도 불구하고 자연적인 전략과 비교함으로써 그 효과성을 검증하거나 환경의 효과적인 이용을 과도하게 해치지 않는 것으로 정당화되도록 보일 때 CPTED는 순수한 물리적 견고화전략을 이용한다.

한 예로서 가로등의 개선전략은 장려하거나 제지하는 행동과 그 지역의 모든 이용자들(범죄자, 피해자, 일상이용자와 우연한 이용자)의 관점에서 불 켜진 지역의 이용효과가 계획되고 평가되어야만 한다.

---

15) *Ibid.*, p. 32.

4) CPTED의 장점

CPTED 활동은 범죄와 두려움의 감소 외에 다음과 같은 장점이 있다.[16)]

첫째로 범죄와 환경문제를 동일시하는 CPTED 전략은 주거단지는 물론, 학교나 도시의 여러 공공시설에도 적용될 수 있다는 점이다. 또한 CPTED 전략은 소규모 지역에서도 실시가 가능하고, 특별한 공공시설에도 적절하게 적용할 수 있다는 점이다.

둘째로 CPTED 원리는 범죄를 야기하는 환경변인들이 어떻게 그리고 무슨 조건 하에서 상호작용하는가를 이해함으로써 해명될 수 있다고 가정하는 범죄행동의 기회모델에서 유래한다. 따라서 일단 기회구조의 평가가 이루어지면, 적절한 전략이 계획되고 조정되어 일치된 프로그램으로 범죄예방이론의 통합을 기할 수 있다.

셋째로 포괄적이고 광범하게 기초를 둔 CPTED 프로그램의 경우 이를 성취하는 데 여러 해가 걸릴 수 있는 최종목표를 갖고 있다. 그러나 CPTED와 달리 많은 프로그램들은 단기적이거나 근접한 목표와 적절한 조치를 발전시키는 데 실패했다. CPTED 연구는 강화된 접근통제, 감시와 영역강화와 관련된 근접목표를 상세히 묘사하는 평가구조를 포함하며 장·단기목표를 인식할 수 있는 장점이 있다. 그 원리는 프로그램의 목표를 달성하는 데 있어서의 성공과 직접적으로 관련된다.

넷째로 CPTED는 개인적인 조치보다는 협력해서 행동하도록 주민의 능력을 향상시키는 데 중점을 둔다. 따라서 이 전략은 시민의 참여를 부추기고, 사회적 결속을 강화하는 것을 목표로 한다.

다섯째로 CPTED 프로그램은 공공 분야, 사회·경제 분야, 경찰 등

---

16) *Ibid.*, pp. 37~38.

과 같은 시의 여러 부서 간은 물론 다학문 간의 효과적인 협력[17]을 보증할 수 있다.

여섯째 CPTED 전략은 법집행과 지역사회 서비스활동을 경찰지역사회관계의 개선결과와 조정하고, 법집행기관에만 의존하지 않는 반범죄 프로그램을 개발할 수 있다.

일곱째 CPTED 프로그램은 무심코 범죄의 기회를 제공하는 계획과 설계를 결정하지 않도록 하기 위해 새롭게 건축되거나 개축되는 환경에 대한 안전기준과 표준을 개발할 수 있다.

여덟째 CPTED는 물리적·사회적·경제적 조건에 영향을 미쳐 도심지역을 포함한 지역사회를 회복시키는 데 도움이 될 수 있다. 일단 기업의 지도자들, 투자자, 그리고 기타 시민들의 전체적인 노력이 범죄와 두려움을 감소시키는 데 효과가 있다는 것을 인식하면 지역사회의 일체감과 응집성이 개선될 수 있을 것이다.

아홉째 CPTED를 현존 프로그램에 통합시킬 경우 교부금, 대부금, 그리고 지역사회개발기금을 부여하기 위한 추가적인 권한을 제공할 수 있다.

끝으로 CPTED 프로그램은 지역의 관리능력과 진행 중인 프로젝트를 유지하기 위한 전문적 의견을 창출할 수 있고, 그 능력은 현존하는 시민조직 또는 도시기관 속으로 통합될 수 있다.

---

17) 오늘날 학제적 방법, 다학문적 혹은 종합적 방법이라고 설명되기도 하는 분야별 협조적 연구방법은 범죄학 연구의 새로운 연구방법으로서 관련 학문 분야의 협조를 얻을 수 있다는 점에서 바람직한 방법이라고 생각된다. 조준현, "범죄와 범죄자에 관한 기능통합적 접근-U. Eisenberg의 견해를 중심으로," 교육연구, 성신여자대학교 교육문제연구소, 제26집(1992. 4), 12쪽.

2. 방어공간이론

1) 개 요

환경설계를 통한 범죄예방이라고 하는 것은 도시 또는 거리·건물의 물리적 환경조건을 공학적으로 조작하여 주민 또는 범죄자의 행동, 사회유대 등을 바꿔 범죄예방을 달성하려고 하는 수법이다. 환경설계를 통한 범죄예방은 범죄문제에 번민하고 있는 미국에서 전개되고 있는 방범기법으로 그 사상적 시초는 1960년대 초 제인 제이콥스(Jane Jacobs)가 도시계획 또는 건축학과 연관된 범죄예방기법의 중요성을 호소한 그의 저서 「미국 대도시의 죽음과 삶(The Death and Life of Great American Cities)」[18]에서 찾을 수 있다. 그녀는 뉴욕에서의 거주경험을 토대로 그의 저서를 통해 거주자와 물리적 환경과의 상호작용, 이웃이나 도로의 활성화가 삶에 미치는 영향, 주거환경과 범죄와의 다양한 연관성 등을 설명하면서 CPTED의 개념을 최초로 제기하였다. 그녀는 뉴욕의 Greenwich Village에 대한 연구에서 밀집된 도시의 공공영역에서 범죄가 많이 발생한다는 기존의 관념과는 달리 그 거리에 익숙한 사람들 (proprietor)이 범죄의 예방에 기여한다는 것을 주장하였다.[19] 이로부터 유명한 거리의 감시자(eyes on the street) 개념을 제시하고 있는데 이는

---

18) J. Jacobs, *The Death and Life of Great American Cities*(New York: Random House, 1961).

19) Jacobs는 뉴욕에 거주하며 건축저널리스트로서 활약한 경험을 토대로 집, 보도, 도로 등이 전통적으로 서로 관계가 있게 설계되는 데 반해 새로이 조성된 고층아파트와 녹지는 범죄자의 행동을 억제할 수 있는 전통적인 감시기능을 파괴해 버렸다고 비난하고 있다. 小出治 外譯, 전게서, 1쪽.

거리의 사람들이 상호감시(자연적 또는 무의식적인 감시)의 역할을 수행함으로써 범죄예방효과를 얻을 수 있다는 것으로 오스카 뉴먼(Oscar Newman)의 자연적 감시(natural surveillance) 개념과 유사한 것이다.

CPTED라는 용어를 처음 사용한 제퍼리(C. Ray Jeffery)는 1971년 「환경설계를 통한 범죄예방(Crime Prevention Through Environmental Design)」에서 도시설계와 범죄와의 관계에 대해 이론적으로 소개하였다. 그리고 제인 제이콥스(Jane Jacobs)의 사상에 골격을 세운 것이 1972년 뉴먼(O. Newman)의 방어공간이론(Defensible Space Theory)이다. 1972년 웨스팅하우스(Westing-House) 프로젝트에 참가하였던 오스카 뉴먼(Oscar Newman)은 「방어공간(Defensible Space)」이라는 저서에서 '자연적 감시', '접근통제 및 영역에 대한 관심'의 중요성을 설명하면서 소유감이나 영역감의 부족이 범죄행위와 밀접한 관계가 있다는 것과 건물 설계 시 그 형태나 사용형태를 고려해야 할 필요성을 강조하였다. 방어공간은 자신을 방어하는 사회적 구조물을 물리적으로 표현함으로써 범죄를 방지하는 것으로 어떤 지역의 물리적 특성을 강화(방어공간을 강화)하면 지역주민과 잠재적인 범죄자 모두에게 그 지역이 소유자가 있고 관리자가 있다는 것을 나타내어 결국은 범죄를 예방하게 된다는 것이다. 즉 이 사상의 주요 개념은 감시성과 영역성(surveillance and territoriality)이고, 도시 또는 주거환경의 건축학적·도시계획적 변경에 의해서 감시성과 영역성을 확보하려고 하는 것이다. 여기에는 인간은 환경을 만들고 환경도 또한 인간을 만든다고 하는 사고가 내포되어 있다. 따라서 단순히 범죄의 미연 예방만이 아니고 최종적으로는 장래의 범죄예비군도 환경의 개조에 의해서 줄일 수 있다고 말한다.

미국에서는 법집행원조청(LEAA: Law Enforcement Assistance

Administration)을 통해 뉴먼의 이론이 정부원조의 연구계획에 큰 영향을 미쳤다. 뉴먼의 연구가 주택설계의 문제로부터 발전해온 것인데 비해 이들 프로젝트는 각각 다른 지리적 조건(상업지구, 주택가, 학교, 공장이나 버스터미널) 하에서 범죄예방을 시도해 본 것이었다. 이들 프로젝트의 조사대상지역에는 오레곤(Oregon)주 포틀랜드(Portland)상업지구, 미네소타(Minnesota)주 미니애폴리스(Minneapolis)와 코네티컷(Connecticut)주 하트포트(Hartford) 주택지구, 그리고 플로리다(Florida)주 블라워드(Broward)군의 고등학교 등이 포함되어 있고[20], 그 밖에 뉴욕(New York)시가 추진하고 있는 42번가에 위치한 버스터미널 개선프로젝트도 환경설계를 통한 범죄예방이론이 채택되고 있다.[21]

2) 방어공간의 성립배경

1950년대 미국의 세인트루이스(St. Louis)에 건설된 프루트 아이고단지(Pruitt-Igoe Housing)는 계획 당시에는 매우 우수한 설계로 평가받았음에도 불구하고 20년이 경과하기 전에 파괴하지 않으면 안 될 정도로 범죄에 대한 문제가 심각하게 되었다. 이러한 상황에 자극을 받아 1964년 세인트루이스의 워싱턴 대학에서는 이 문제에 대한 연구를 시작하였고, 이때 방어공간(defensible space)이란 용어를 처음으로 사용하기 시작하였다. 또한 1960년대는 존슨(Johnson) 대통령이 범죄와의

---

20) 상게서, 17쪽.

21) 警察廳 防犯課 監修・伊藤滋 編, 都市と犯罪, 東洋經濟新報社, 1982, 207쪽: 伊藤 滋 編, 犯罪のない街づくり, 東洋經濟新報社, 13쪽 參照: C. Ray Jeffery, *Crime Prevention Through Environmental Design*(Beverly Hills, California: Sage Publications, Inc., 1977), pp. 225~227.

전쟁을 선포하였을 정도로 범죄상황이 악화되어 있었다. 특히 뉴욕과 같은 대도시에서는 범죄로 인한 피해와 공포가 더 이상 방관할 수 없는 상태에 이르렀으며, 이에 자극을 받은 미국정부는 1968년에 「안전가로법(The Safe Street Act of 1968)」을 제정하고 이를 근거로 법집행원조청(LEAA)을 설립하여 범죄예방활동 및 새로운 방범연구를 재정적으로 지원하도록 하였다.[22]

이에 당시 뉴욕대학교 건축과 교수이면서 이 대학 부설 도시계획 및 주택연구소(Institute of Planning and Housing) 소장을 맡고 있던 뉴먼(Oscar Newman)이 동료교수들과 「도시거주지역 방범설계 프로젝트(Project for Security Design of Urban Residential Area)」를 수행하게 되었는데[23] 공동주거환경과 범죄와의 관련성을 설명하고 그 대책을 제시하는 과정에서 방어공간이란 용어를 사용하고 있다.[24]

결국 1960년대 초에 등장하여 1970년대 초 뉴먼에 의해 크게 발전한 방어공간의 개념은 정부의 적극적인 후원 아래 다년간에 걸친 연구결과와 많은 자료를 바탕으로 세운 이론이라는 점에서 그 의의가 크다고 할 수 있다.

---

22) 당시 LEAA가 주거환경과 범죄의 관계에 대하여 관심을 기울이게 된 이유는 뉴욕시의 공동주거단지 설계담당 공무원들 사이에 거주자들에게 발생하는 범죄 및 파괴행위가 어떤 특정형태의 건물에서 더 많이 발생하고 있다는 인식이 보편화되어 있었기 때문이었다.

23) 뉴먼(Newman)과 그의 동료들은 미국 내의 모든 대도시를 대상으로 주거환경과 범죄와의 관련성을 조사하였으며 소득수준이 서로 다른 계층들의 주거상태를 조사하여 서로 비교해 보는 방법으로 연구를 수행하였다.

24) Oscar Newman, *op. cit.*, p. 3.

3) 방어공간의 정의

방어공간이란 거주자와 지역주민을 범죄로부터 보호해 줄 수 있도록 환경을 조성해 놓은 주거공간을 지칭하는 개념이다.[25] 즉 통행로, 마당, 놀이터, 주변거리 등과 같이 주민들의 통제권 밖에 위치하는 구역들에 대해서 범죄를 예방할 수 있는 방어적 환경을 조성함으로써 범죄예방 효과를 거둘 수 있다는 개념에 기초한 것이다. 뉴먼(O. Newman)은 방어공간이 일종의 목표의 견고화(target hardening)도 될 수 있다고 하면서 구체적으로 다음과 같은 물리적 설계(physical design)를 통해서 환경을 안전하게 조성하려는 것이다.[26]

① 주민들에게 내 것이라는 의식을 불어넣기 위해 단지 내 공유공간을 분할하여 구분한다.

② 거주자가 공적인 내·외의 공간을 자연스럽게 감시할 수 있도록 창문의 위치를 배치한다.

③ 다른 사람들이 이상한 주거로 인식하여 얕잡아 보거나 따돌려진 세대로 인식하지 않도록 건물의 형태와 특색을 평범하게 유지한다.

④ 도심 한 가운데 위치한 불량주거단지들을 위험요소가 적은 변두리 지역으로 이전시켜 범죄로부터 벗어나도록 한다.

뉴먼(Oscar Newman)은 약 4,000주동을 포함한 169개의 단지에서 조사를 실시하고 어떠한 설계특징이 범죄를 일으키고, 억지하는가를 밝힌 뒤 주민이 자신의 집 근처의 공간을 관리하고, 모르는 사람과 잠재적 범죄자의 침입을 막을 수 있는 주택단지의 설계가 가능하다고 확신

---

25) *Ibid.*, pp. 8~9.
26) National Crime Prevention Institute(NCPI), *op. cit.*, pp. 121~122.

하였다.

뉴먼(Oscar Newman)의 방어공간개념은 건축형태를 이용하여 범죄로부터 공영주택을 구조하기 위한 뛰어난 시도였다. 건축가로서 뉴먼(Newman)은 공영주택프로젝트의 설계가 거주자에게 공적 영역에 대한 책임을 지지 않게 하고, 범죄자를 배제시키기 위한 정상적인 영역적 본능을 발휘하지 못하게 한다고 생각했다. 특히 그는 거주자가 외부인을 인식하지 못하도록 하는 대규모건물을 비평하고, 프로젝트지구 내의 범죄에 대한 통계적 분석으로 이를 뒷받침했다. 그는 또한 익명성을 줄이고 감시를 증가시키고, 범죄자에 대한 도주로를 감소시킴으로써 방어공간을 창출할 수 있다는 상당히 많은 설계제안을 했다.27)

그는 범죄를 억지하는 네 가지 방어적 공간요소, 즉 영역성(자기소유관념), 자연적 감시(자기영역을 감시할 수 있는 주민의 능력), 이미지(건물에 관련된 낙인 여부), 입지조건(街路, 공원, 다른 인근환경의 특징)을 제안하고 있는데, 이들은 단독으로 또는 결합하여 지역의 범죄억제에 영향을 미쳐 안전한 환경조성에 기여한다고 강조했다.

4) 방어공간의 물리적 요소

(1) 영역성(territoriality)

영역이란 사람이 평상시 익숙하고 친숙하여 자신의 것으로 느끼는 장소라고 할 수 있다. 따라서 영역성28)이란 어떤 지역에 대해 지역주

---

27) Ronald V. Clarke(ed.), *op. cit.*, pp. 3~6.

28) 영역성은 논자에 따라 매우 다양하게 정의될 수 있으며, 다른 유사개념들도 종종 언급되고 있어 이를 비교설명하면 다음과 같다.

영역성(territoriality)이란 공간에 대한 소유의식(feeling of possessiveness)

민들이 자유롭게 사용하거나 점유함으로써 그들의 권리를 주장할 수 있는 가상의 영역을 말한다.[29] 그러므로 영역이라고 하는 것은 특정한 거주집단에 귀속해서 그 집단이 허용하는 범위 내로 행위가 제한되는 일정한 공간을 뜻한다. 따라서 일반적으로 "영역감이 형성되어 있다"라고 하는 것은 영역획정으로 지지되고, 거주자가 반공적 영역에 자신의 지배권을 행사하려고 하는 의식이 형성되어 있는 것을 의미한다. 즉, 그 영역이 익명적이라고 하는 것은 영역감이 형성되고 있지 않은 영역을 의미하는 경우가 많다.[30]

근린지구에서는 사적 영역, 반사적 영역, 반공적 영역, 공적 영역 등 네 개의 영역이 있을 수 있다.

을 의미하며, 공간의 외부적 모습과 그 이용을 관장하려는 시도를 지칭하기도 한다. 또한 영역성은 특정한 지리적 위치를 갖는다.

개인공간(personal space)이란 한 개인과 다른 개인 간의 바람직한 간격을 유지하려는 메커니즘으로서 마치 한 개인을 둘러싸고 있는 비누방울과 같아서 개인이 장소를 이동할 때 따라서 이동하는 특성을 보유한다. 그러나 개인공간은 특정한 지리적 위치를 갖고 있지는 않다.

지배(jurisdiction)란 어떤 권위의 원천과 한계가 주된 관련역할을 하는 일시적인 공간에 대한 통제력을 의미하는 것으로 특정한 지리적 위치를 갖는다. 그러나 영역성보다는 훨씬 제한된 공간적 범위를 갖는다.

생활영역(home range)이란 각 개인이 일상적으로 이용하는 공간의 범위를 의미하는 것으로 특정한 지리적 위치와 연관되어 있으나 영역성과는 다르게 공간에 대하여 실질적인 통제력을 내포하고 있지는 않다.

따라서 영역성은 공간에 대한 통제력을 의미하는 것으로 요약될 수 있으며, 이러한 통제력의 행사는 여러 가지 형태로 나타날 수 있다.

대한주택공사, "아파트단지 내 범죄발생 저감을 위한 설계개선연구,"(연구 93-05), 1993. 2, 25쪽.

29) Steven P. Lab, *op. cit.*, p. 17.

30) 住宅・都市整備公團 建築部・建築技術開發室, "住環境の防犯性能に關する 調査硏究,"(昭和 55年度 技術開發硏究), 1982, 3~5쪽.

사적(私的) 영역이란 주택·주호(住戶)31)로서 그것을 전용하고 있는 가족에 귀속되어 있고, 그 가족 구성원 이외의 어느 누구라도 그들의 허가 없이 무단으로 출입할 수 없는 영역을 말한다.

반사적(半私的) 영역은 주택·주호(住戶)의 직접적인 연장부로서 개인정원과 현관입구 등을 가리키고, 사적 영역만큼은 아니지만 그 곳에 출입하는 것 역시 가족구성원으로부터 엄격하게 그 근거를 밝혀야 출입이 가능한 영역이다. 반사적 영역은 사적 영역에서만 접근할 수 있도록 되어 있다.

반공적 영역은 일반주택지의 좁은 도로, 소규모 아동공원, 중층주택의 복도와 계단, 동간 공간을 가리킨다. 이 영역은 그것을 공용하는 여러 가족에 귀속되어 있는 것이 보통이지만 공적 영역에서 접근할 수 있는 장소라는 점에서 반사적 영역과는 다르다. 그 때문에 보통의 경우, 이 영역에 출입하는 낯선 자는 거기에 출입하는 용건을 명시적으로나 묵시적으로 명확하게 밝히지 않는 한 그 가족 누군가 혹은 그 대리인에 의해서 퇴거요구를 받으면 퇴거해야 한다.

공적 영역은 주요가로, 큰 도시공원 등을 가리키고, 반드시 특정한 거주집단에 귀속해 있지 않아서 법으로 금지되어 있지 않은 행위는 상당히 자유롭게 행할 수 있는 영역이다.

주거에서 영역성의 의미는 소유와 권리, 책임 등의 의미를 수반하는 것으로 각 실로부터 주호(住戶), 주동, 단지 등 외부공간의 영역까지를 포함한다. 따라서 주동 간의 거리 및 배치, 출입구의 방향 등이 개인의 영역적 요구에 중요한 요인이 된다.32) 즉, 영역성이라고 하는 것은 자

---

31) 주호(住戶)(dwelling unit)란 집합주택의 단위가 되는 개개의 주택을 의미한다.

기 집이나 부지에 대해 느끼는 것과 같이 근린 사이의 공동공간에 대해서도 "나의 것이라는 의식" 또는 "관할구역의식"을 갖고, 동시에 그 공동공간에 대해서 이웃끼리 책임을 지는 것이라고 정의할 수 있다.[33] 가디너(Richard A. Gardiner)에 따르면 영역성이란 ① 모든 거주자가 자기 대문 앞의 어떤 지역에 대해 진정한 관심을 갖고 일정한 책임감을 느껴야 하고 ② 거주자들은 이러한 영역이 침입자들에 의해 위협받는다고 믿을 때 기꺼이 조치를 취해야만 하고 ③ 잠재적 범죄자가 침입하게 되면 발각될 것이라는 사실을 인식할 수 있도록 위의 두 가지 요인들이 강력해야만 한다고 한다.[34]

예를 들면 한 개의 계단에 다수의 주호(住戶)가 있고, 승강기와 긴 복도에 의해서 각 주호(住戶)에 접근할 수 있는 고층집합주택의 경우 만일 관리인이나 자동시정시스템(autolock system)[35]도 없다면 외부인, 즉 외판원은 물론 범죄자까지 의심받지 않고 건물 내로 들어올 수가 있다. 이와 같이 대규모주택의 경우 같은 복도와 승강기를 공유하는 세대가 지나치게 많기 때문에 거주자는 상하계단은 물론 같은 계단이더라도 다른 거주자와 전부 얼굴을 익힌다는 것은 매우 곤란하다. 이 때

---

32) 도건효 외, "공동주택의 범죄방어공간도입에 관한 연구."(연구보고서 91-04), 한국형사정책연구원, 1992, 24~25쪽.

33) 警察廳防犯課 監修·伊藤滋 編, 전게서, 23쪽.

34) Robert L. O'Block, *op. cit.*, p. 18.

35) 자동시정시스템이라고 하는 것은 집합주택의 주동현관의 시정장치를 의미한다. 이 장치는 현관문이 닫혀지면 자동적으로 열쇠가 걸리고, 항상 시정되어 있다. 따라서 거주자는 귀가하여 비밀번호를 조작하여 열쇠로 현관문을 열 수 있고, 내방자는 현관 옆에 설치된 인터폰(interphone)으로 주거자에게 방문취지를 알려 확인받은 뒤 자택에서 원격조작에 의해 작동되는 현관문을 통해서 출입할 수 있게 된다.

문에 긴 복도에서 모르는 사람을 보더라도 그 사람이 단지의 거주자인지 의심스러운 자인지 분별할 수가 없으며, 침입자 측에서는 수상하게 여겨지는 일없이 건물 내부로 침입할 수 있는 것이다. 이와 같은 단지의 복도와 승강기 등 공용부분은 본래 단지주민의 공동이용공간이고, 반사적 공간인 것이다. 그러나 거주자는 그러한 공용부분에 대해서 자기의 관할구역의식, 즉 자기의 지배력과 관리책임이 미치는 공간이라는 인식을 갖지 않는다. 각자의 주호(住戶) 속은 완전히 지켜지는 사적(Private) 공간이지만 문을 한 걸음 나서면 단지 속이면서 완전히 공적(public) 익명성이 강한 공간이 되어버리는 것이다. 이러한 영역성이 결여된 공간에 대해서는 거주자가 무관심하게 되고, 그에 따라 범죄가 다발하는 요인이 된다고 뉴먼(Oscar Newman)은 생각했던 것이다.

한편 일본의 번화가의 노지공간(露地空間)의 경우 본래 공적 공간인 도로가 사적 생활의 연장이 되고 있다. 사람들은 노지(露地)를 공유공간으로 받아들여 서로 이야기하거나 아이들을 놀게 하고, 분재를 두거나 청소를 하는 등 "나의 것이라는 의식"을 갖고서 이용·관리하고 있다. 이러한 공간에서는 외부인은 즉시 눈에 띄고, 또한 용건이 없는 자는 들어오기 어려운 분위기를 조성하고 있다. 일본의 노지(露地)에서 보여지는 것처럼 사적 공간과 완전히 공적 공간 사이에 거주자가 영향력을 미칠 수 있는 반사적 또는 반공적 공간을 설치하는 것이 범죄억지에 큰 힘을 발휘하는 것이다.[36]

---

36) 佐佐木眞朗, "建築設計による 犯罪防止(上)," 警察大學校, 警察學論集, 第 42卷 第11號(1989. 11), 107~109쪽.

(2) 자연적 감시(natural surveillance)

자연적 감시란 합법적인 이용자들에게 이웃과 외부인의 일상활동을 관찰할 수 있도록 건물이나 시설물 등을 배치하는 것이다.[37] 이는 제이콥스(Jane Jacobs)가 언급한 "거리의 눈(eye of street)" 개념에 해당하는 것으로 특정공간이 거주자와 통행인으로부터 자연적인 감시를 받게 하는 것이다. 즉, 자연적 감시라고 하는 것은 거주자가 일상의 생활행위를 영위하면서 특히 반공적 영역을 침범하는 자를 배제할 목적으로 그 곳을 시각적·청각적으로 자연스럽게 감시하는 것으로 경찰관과 경비원 등 그 자체를 직무로 하는 사람들의 감시와는 구별된다.

자연적 감시는 거주자의 다양화, 개방적인 평면계획 등에 의해 이루어질 수 있다. 주거단지에서 일어나는 범죄의 대부분이 우발적·충동적인 범죄라는 사실을 인지할 때 주민의 시야에서 벗어나지 않도록 자연감시의 기회를 증진시킴으로써 잠재적인 범죄를 방지할 수 있게 되고, 따라서 이러한 자연적 감시는 영역성의 설정과 함께 방어공간의 중요한 요인으로 간주되고 있다.

자연감시를 증가시키는 요인으로는 시선(Grazing), 조명(Lighting), 공용공간의 위치, 접근로의 위치 등을 들 수 있다.

(3) 이미지(Image)

이는 범죄에 취약하게 보이지 않고 주변 지역사회로부터 고립되지 않도록 근린과 지역사회를 조성하는 것을 의미한다.[38] 따라서 이미지라고 하는 것은 사람들에게 일정하게 부각되는 단지의 인상과 주변환

---

37) Steven P. Lab, *op. cit.,* pp. 17~18.
38) *Ibid.,* p. 18.

48

경의 이미지를 말하며, 잠재적인 범죄자가 범죄를 실행하기에 용이하다고 인상 지워지는 이미지가 되지 않도록 환경이 설계되어야 한다.

(4) 입지조건(Milieu)

입지조건이라고 하는 것은 단지주변지구를 구성하고 있는 주택가, 기타 건축·토목·조경시설의 성격을 말한다. 주로 범죄기도자를 밀어내기 쉬운 주택가와 범죄기도자를 유인하기 쉬운 주택가와 시설이 단지의 주변에 있는가 여부가 문제된다.

주거단지의 입지조건은 범죄의 발생과 관계가 깊기 때문에 이를 배제하기 위해 건물군의 형태나 배치에 유의하고 주거단지를 안전성이 높은 지역에 배치하도록 배려한다. 랩(Lab)은 범죄가 적고 감시가 많은 지역 안에 지역사회가 위치하는 것이 범죄행위의 예방에 유리하다고 보고 있다.[39]

제2절 선행연구의 검토

1. 단지별 범죄발생률 분석

1) 단지규모에 따른 범죄발생률

고층아파트의 범죄발생실태에 관한 한 연구[40]에서는 대규모 주택단

---

39) *Loc. cit.*

40) 민병호·김상호·도건효, "고층아파트의 범죄발생실태 및 범죄영향인자에 관한 연구 -환경계획적 요인을 중심으로-," 대한건축학회, 대한건축학회

지가 범죄발생률이 높은 것으로 나타났고, 이에 반해 수도권에 위치한 K시에 대한 연구[41]에서는 대규모 주택단지가 오히려 범죄발생률이 낮은 것으로 나타나 단지규모와 관련해서 서로 상이한 연구결과가 있다. 한편 뉴먼(Oscar Newman)은 뉴욕시를 대상으로 한 연구에서 단지규모가 클수록 범죄발생률이 높은 것으로 보고한 바 있다.

이와 같이 상이한 연구결과가 나온 것은 범죄발생률에 영향을 미치는 요인은 단지규모 외에도 단지주변의 지형여건, 주동의 배치, 경비형시 등 여러 가지가 있을 수 있기 때문으로 보여진다.

2) 건물 높이에 따른 범죄발생률

건물높이에 따른 범죄발생률에도 상이한 결과를 보이고 있다. 공동주택의 방어공간도입에 관한 연구[42]에서는 고층일수록 범죄발생률이 높은 것으로 나타났다. 그러나 고층아파트의 범죄발생실태에 관한 한 연구[43]에서는 자전거 도난, 배달물 도난, 자동차 훼손 등 비침입절도 혹은 재산피해는 고층에서 많았으나 주거침입절도는 저층에서 더 많은 것으로 나타났다. K시를 대상으로 한 연구[44]에서는 고층아파트단지가 오히려 범죄발생률이 낮은 것으로 보고된 바 있다.

한편 뉴욕시 주택청의 범죄관련자료를 토대로 한 뉴먼(O. Newman)

논문집, 통권 48호(1992. 10), 70쪽.

41) 임승빈·박창석, "범죄예방을 위한 주거단지 설계기준에 관한 연구: 도시권의 K시를 대상으로," 대한건축학회, 대한건축학회논문집, 통권 제48호 (1992. 10), 57쪽.

42) 도건효 외, 전게연구보고서, 28쪽.

43) 상게연구보고서, 76~77쪽.

44) 임승빈·박창석, 전게논문, 58쪽.

의 연구에서도 고층일수록 범죄발생률이 높은 것으로 나타나고 있다. 그리고 고층건물에서는 55%의 범행시간이 내부공공장소에서 행해졌는데 비하여 낮은 건물에서는 17%의 범행시간이 내부공간에서 범행되었다고 한다. 또한 범죄발생장소는 저층에서는 주택 내부와 녹지의 비율이 높으나 고층일수록 엘리베이터, 복도, 로비, 계단, 옥상의 순으로 발생률이 높게 나타나고 있다.[45]

이와 같은 상이한 결과는 경비형식과 경비밀도(총세대수/경비원수)의 차이와도 관련이 있는 것으로 보여진다. 즉, K시의 경우 고층아파트 단지에는 주동의 입구마다 경비원이 배치되어 있으나, 저층인 경우에는 주동입구에는 경비원이 없고 단지 내 별도의 초소가 배치되어 있었다.

3) 건폐율에 따른 범죄발생률

주거단지의 건폐율이 높을수록 범죄발생률이 높은 것으로 보고된 바 있다. 수도권의 K시의 경우 12개 단지를 비교한 결과 건폐율과 범죄발생률 사이의 상관관계가 매우 높게 나타났다.[46] 이 사실은 대한주택공사의 연구[47]와 아파트 단지 공간구조와 범죄에 관한 연구[48]에서도 유사한 결과를 보여주고 있다.

---

45) Oscar Newman, *op. cit.*, pp. 27~28.

46) 임승빈·박창석, 전게논문, 62쪽.

47) 대한주택공사, 전게연구, 67쪽.

48) 최윤경·강인호, "아파트 단지 공간구조와 범죄," 대한건축학회, 대한건축학회논문집, 통권 58호(1993. 8).

4) 대규모시설에 따른 범죄발생률

대형상가가 인접한 단지나 단지 내에 상가, 체육시설 등 대규모 시설이 있는 단지의 범죄발생률이 높은 것으로 보고된 바 있다.[49]

5) 주변녹지에 따른 범죄발생률

단지 내에 자연보존지역이 있는 경우 중 자연보존지역이 시 외곽에 위치하고 변석이 넓은 경우에는 범죄발생률이 높은 것으로 보고되고 있다.[50]

2. 장소별 범죄발생분포

1) 세대위치별 분포

판상형의 주동 내부공간에서 발생한 주거침입절도만을 대상으로 하여 세대의 위치에 따른 범죄발생건수를 조사한 결과 주동의 양끝에 위치한 세대에서 가장 많이 발생한 것으로 나타났다.[51] 이는 영국에서의 연구결과와 일치하고 있다. 즉, 일렬로 배열된 4호 연립주택에 관하여 침입절도범집단과 일반주민집단을 대상으로 설문한 결과, 두 그룹 모두 양쪽 끝집이 절도피해를 입을 가능성이 높다고 지적하고 있다. 또한 플로리다(Florida)의 풀턴군(Fulton County)에서의 주거침입절도의 분포에 관한 세미나에서도 끝에 위치한 아파트, 특히 상층의 끝 아파트에서

---

49) 임승빈 · 박창석, 전게논문, 57쪽: 민병호 · 김상호 · 도건효, 전게논문, 71쪽.
50) 임승빈 · 박창석, 전게논문, 58쪽: 민병호 · 김상호 · 도건효, 전게논문, 71쪽.
51) 임승빈 · 박창석, 전게논문, 59쪽.

가장 많은 주거침입절도가 행해졌다고 한다.[52]

2) 성범죄의 분포

아파트단지에서 성범죄는 주로 옥내에서 발생하고 있으며, 초고층 주동건물 내에서의 치한피해는 엘리베이터 내부에서 발생한 것으로 나타났다. 일본의 경우에도 엘리베이터에서 많이 발생하고 있고, 미국의 경우에는 지붕 및 옥상에서 가장 많이 발생한 것으로 나타났다.[53]

3. 주민의 불안감과 범죄발생률

1) 단지별 불안감과 범죄발생률

주간에 비하여 야간에 느끼는 불안감이 높다는 사실은 기존연구에서 공통적으로 나타나고 있다.[54]

그러나 주민이 느끼는 불안감과 범죄발생률 사이의 관계에 대하여는 관계가 없다는 결과와 밀접한 관계가 있다는 상반된 결과가 보고된 바 있다.

이러한 상반된 결과는 두 연구에서 범죄를 다르게 설정하고, 범죄건수의 조사방법의 상이성에 기인하는 것으로 보여진다. 따라서 실제로

---

52) 차용석, "도시화에 따른 범죄상황 및 범죄공포," 민생치안연구소, 민생치안연구소 창립기념 범죄예방을 위한 시민대토론회 주제발표논문, 1991. 12. 12, 46~47쪽.

53) 민병호 · 김상호 · 도건효, 전게논문, 67쪽.

54) 임승빈 · 박창석, 전게논문, 59쪽.

범죄발생건수와 범죄피해경험건수 사이에는 커다란 차이가 있어 주민의 기억에 기초하는 범죄경험률의 신빙성을 신중히 고려하여야 한다고 본다.

2) 장소별 불안감과 범죄발생률

장소별 불안감에 대한 연구는 두 건이 보고되고 있는데 연구결과가 대체로 일치하고 있다.

전체적으로 주동 내부공간(실내와 건물 내부 공공장소)보다는 주동 외부공간(건물 외부 공공장소, 상가 및 단지관리시설, 진입가로)에 대한 불안감이 높게 나타나고 있다. 주간에는 옥상, 주동주변의 오솔길, 도로, 엘리베이터, 단지 내 공원 및 자연보존지역 등에서 불안감이 높으며, 야간에는 공원 및 자연보존지역, 주동주변의 도로, 어린이 놀이터, 정류장에서 단지까지의 진입가로, 주동주변의 도로, 옥상, 주차장, 엘리베이터 등과 같은 옥외공간에 대한 불안감이 상대적으로 증가하는 것으로 보고된 바 있다.[55]

따라서 주민들이 가장 불안하게 생각하는 공간은 주간에는 옥상이며, 야간에는 공원 및 자연보존지역과 주동주변의 오솔길이다. 또한 주간에서 야간으로의 불안감의 증가정도가 가장 큰 공간은 공원 및 자연보존지역, 정류장에서 단지까지의 진입가로, 주동주변의 오솔길로 나타났다.

---

55) 상게논문, 60쪽.

4. 친숙도 및 주민의 대응

1) 친숙도와 범죄발생률

주거단지 내에서의 주민들의 친숙도와 범죄발생률은 역의 상관관계가 있음이 보고된 바 있다.[56] 또한 구체적인 자료제시는 없었으나 친숙도가 높은 단지에서 범죄발생률이 낮음을 주장한 바 있어서 앞서의 연구결과를 뒷받침하고 있다. 따라서 주거단지에서의 친숙도를 증가시킬수록 범죄발생률은 낮고, 세대수가 많을수록 주동에서의 친숙도가 낮아지는 것으로 나타났다.

2) 주민의 대응

수상한 사람을 목격하였을 경우의 주민의 대응은 관리사무소나 수위에게 연락하겠다는 응답이 58.2%를 차지하고, 무슨 행동을 하는지 지켜보겠다는 응답이 15.5%, 경찰에 신고하겠다는 응답이 12.2%, 문단속을 하고 집에 있겠다는 응답이 11.1%를 차지하는 것으로 나타나 거의 대부분이 적극적인 행동을 보이고 있다. 그러나 수상한 사람의 목격 시 대응행동의 적극성과는 달리 자율방범조직의 형성에 대해서는 8.7%로 응답률이 비교적 낮게 나타났다.[57]

---

56) 상계논문, 61쪽.
57) 동계논문.

제3장 환경설계를 통한 범죄예방사례

제1절 미국에서의 연구사례

1. 하트포드지역의 연구

법집행원조청(LEAA: Law Enforcement Assistance Administration)의 재정지원으로 코네티컷(Connecticut)주 하트포드(Hartford)시에서 수행된 하트포드(Hartford)지역에 대한 범죄예방프로그램(The Hartford Neighborhood Crime Prevention Program)은 특정지역사회(시내 중심가에 인접한 주택지역) 전체를 대상으로 수행된 최초의 환경설계를 통한 범죄예방프로그램이었다.[1]

CPTED-Hatford 실무가들은 프로그램을 시행하기에 앞서 대상지역의 범죄경향, 물리적 특징, 사회경제적 특성을 면밀하게 분석하고 다음과 같은 결론을 내렸다.[2]

① 침입절도, 강도, 날치기범죄는 주요 간선도로가 아닌 주거지역의 거리에서 많이 발생한다.

---

1) National Crime Prevention Institute(NCPI), *Understanding Crime Prevention*(Stoneham, MA: Butterworths Publishers, 1986), pp. 125~126; Briar Hollander, et al., *Reducing Residential Crime and Fear: The Hartford Neighborhood Crime Prevention Program*(Washington, D.C.: Dept. of Justice, 1980. 2), pp. 2~18 참조.

2) National Crime Prevention Institute(NCPI), *op. cit.*, pp. 125~129.

② 익명성이 매우 높아 주민들이 공용도로를 이용하기를 두려워하며 이웃 간에 교류가 거의 없다.

③ 많은 수의 주민들이 범죄발생률에 비해 극도의 공포감을 느끼고 있다.

④ 주거지역을 경유하여 출퇴근하는 사람이 많아 지역의 질서를 더욱 문란하게 만들고 있다.

⑤ 지역에서 범죄를 저지르는 자들은 그 지역에 인접하는 다른 지구의 범죄자들에 의해 저질러지고 있다.

⑥ 경찰은 범죄예방과 단속을 위하여 가능한 모든 수단을 다하고 있지만 만족할 만한 성과는 없으며 새로운 관점에서의 대책이 필요하다.

위와 같은 결론에 근거해서 해당지역의 범죄예방을 위하여 네 가지 전략이 수립되었는데 그것은 다음과 같다.

① 교통의 흐름을 바꾸기 위하여 거리를 차단하고, 도로를 좁히고, 일방통행제를 실시하였다.

② 새로운 사회단체의 결성을 유도하여 기존의 사회단체들을 자극하였다.

③ 경찰자문위원회를 통해서 경찰과 지역사회관계를 개선시켰다.

④ 지역 내에 경찰순찰차를 상주시켰다.

이러한 프로그램은 해당지역 주민들의 태도를 변화시켰으며, 지역주민과의 상호협력하에 프로그램이 수행되어지게 되었다.

2. 주거단지 실태조사 연구사례

1) 뉴욕시의 브라운스빌과 반다이크단지의 비교연구

〈표 3-1〉 브라운스빌과 반다이크단지의 비교

항　목		브라운스빌 아파트단지	반다이크 아파트단지
단지규모		19.16 에이커(23,496평)	22.35에이커(27,408평)
동　수		27동	23동
층　수		3~6층	3~14층
건 폐 율		23%	16.6%
입주년도		1947년	1955년
밀　도		287명/에이커	288명/에이커
외부공간		① 주동출입구지역이 어른들의 휴식이나 어린이 놀이공간으로 쓰이고 있어 자연스러운 감시가 용이하다. ② 소구역별 사용	① 중앙부에 큰 개방공간이 있어 익명적이고 각 주호(住戶)에서의 감시가 쉽지 않아 사용이 빈약하다. ② 전체공동사용
접근방식		① 주입구가 전용도로에 접합 ② 반사적 공간영역 ③ 감시기능강화	① 주입구가 공용도로에서 분리됨 ② 출입구에 거리감시 기능 결여
출입방식		7~13가구가 하나의 출입구를 사용한다.	1개의 출입구를 130가구가 사용한다.
승강기 운행방식			2대의 저속승강기, 6층건물 격층운행
주동형식		계단실형	중복도형
주동형상		+자 타원형	밀자 판상형
총범죄발생수		790건	1,189건
거주자 특성	총인구	5,390명	6,420명
	평균 가구인 수	4.0명	4.0명
	초등학교어린이수	904명	839명
	미성년자 수	3,047명(57.8%)	3,618명(57.5%)
	흑인 가구 비율	85.0%	79.1%
	백인 가구 비율	2.6%	5.6%
	연금 대상자 비율	29.7%	28.8%
	결손가정 비율	31.7%	29.5%
	맞벌이가구 비율	11.0%	12.2%
	평균 수입액	5,056 $	4,997 $

※ 자료: Oscar Newman, *Defensible Space*(New York: Macmillan Publishing Co., Inc., 1972), pp. 46~47.

〈표 3-1〉과 같이 뉴욕시의 브라운스빌(Brownsville)과 반다이크(Van Dyke)단지는 간선도로를 사이에 두고 거주인(居住人) 규모와 밀도 및 사회적인 제반여건이 유사하지만 주동의 배치와 형태, 높이 등 물리적인 특성은 달랐다.

범죄발생건수에서 알 수 있듯이 각 단지의 물리적인 환경은 범죄발생률과 관계가 있다. 물리적인 영향요인은 단지의 외부조건, 주동의 형식과 형상, 출입형식, 층수, 영역위계성, 거주자의 특성 등이며 이들을 상호 복합적으로 작용하는 것으로 이해된다.

뉴먼(Oscar Newman)은 이 연구에서 단지가 크고 고층인 주택이 범죄 및 범죄의 두려움이 높다는 것을 알아냈다. 뉴먼은 이를 고층건물 본래의 부정적인 다양한 물리적 특성에 기인하는 것으로 보고 있다. 즉, 거리에 접하지 않은 숨겨진 입구, 많은 거주자가 이용하는 공용입구, 로비와 다른 공공장소에 대한 관찰이나 감시의 결여를 들고 있다. 뉴먼은 이러한 문제들이 지역사회의식, 영역감, 안정감이나 활동의 감시 등에 부정적인 영향을 미치는 것을 알았다.[3]

그리하여 반다이크단지는 건폐율을 낮춰 넓은 공지를 확보하고자 했던 원래의 의도와는 달리 개방공간이 주민에 의해 활성화되지 못하고 익명적이고 애매한 공간으로 버려져 있어 범죄발생의 기회를 암암리에 제공하고 있으며, 주동 내부에서도 출입영역이 세분화되지 않아 영역성 확보가 쉽지 않음을 알 수 있다. 이러한 요인이 복합적으로 작용하여 범죄건수가 많아진 것으로 해석할 수 있다.[4]

---

3) Steven P. Lab, *Crime Prevention: Approaches, Practices and Evaluation*(Cincinnati, Ohio: Anderson Publishing Co., 1988), pp. 27~28.

4) Oscar Newman, *Defensible Space*(New York: Macmillan Publishing Co.,

2) 뉴욕의 브루켈렌과 세인트루이스의 프루트 아이고 단지의 비교연구

<표 3-2> 브루켈렌과 프루트 아이고 단지의 비교

항 목	브루겔렌 단지	프루트 아이고 단지
단지규모	1,595 세대	2,764 세대
동 수	30동	17동
층 수	3층, 7층	
밀 도	21.3가구 / 에이커	50가구/에이커
입주년도	1952년	1955년
외부공간	· 영역위계성이 분명함 · 감시기능 양호	· 영역위계성이 불분명하고 반사적 공간 결여 · 연대감, 감시기능 부족
공 가 비 율	2~5%	70%
주 동 형 상	L자 요철형	판상 요철형
비 고	양호한 주거환경을 유지하고 있음	통제할 수 없는 범죄율로 인해 1976년 철거됨

※ 자료: Oscar Newman, *Defensible Space*(New York: Macmillan Publishing Co., Inc., 1972) pp. 53~58.

뉴먼(Oscar Newman)은 방어공간개념이 비교적 잘 적용된 뉴욕(New York) 브루클린(Brooklyn)에 위치한 브루켈렌(Breukelen)단지와 방어공간개념의 적용 없이 저소득층을 위해 새로운 주거환경을 개선하고자 건설된 미주리(Missouri)주 세인트루이스(St. Louis)에 위치한 프루트 아이고 단지(Pruitt-Igoe Housing)5)의 사례를 비교하여6) 각 단지의 물리적인 특

Inc., 1972), pp. 37~48.

5) 프루트 아이고 단지(Pruitt-Igoe Housing)는 1960년대 유명한 건축가인 야마사끼(Minoru Yamasaki)에 의해서 설계되었고 지어질 당시에는 공동

성과 범죄율과의 관계를 검토하였다(〈표 3-2〉 참조).

뉴먼(Oscar Newman)은 〈표 3-2〉와 같이 설계특징과 범죄율이 상이한 두 개의 공공주택 프로젝트의 비교를 통하여 방어공간개념을 증명하고 있다. 높은 범죄율을 나타낸 주택단지는 감시되지 않는 다수 외부인의 출입이 허용되는 지역이었다. 그리고 이 건물은 단지 내의 공공지역과 단지 외의 통행로는 관찰이나 감시할 수 있는 창문도 적었고, 기회도 별로 없었다. 반면에 범죄가 낮은 주택단지는 그에 상응하게 인구의 낮은 증가만 있었다. 또한 이 건물은 동일한 입구를 이용하는 가족의 수를 제한하여 거주자가 외부인을 쉽게 식별할 수 있도록 했다. 그리고 창문 등을 통해서 가시적이고 효과적으로 단지 외부의 활동을 일상적으로 관찰할 수 있는 구조로 만들었다.[7] 즉, 브루켈렌단지의 설계자는 의도적으로 부엌의 창이 건물출입구 쪽으로 위치하도록 하여 주부로 하여금 출입구 옆의 놀이터와 그 옆의 주차장에 대한 시각적 감시가 가능하도록 계획했다. 이것은 일반 가정주부의 경우 하루의 대부분을 부엌에서 보내기 때문에 가사일을 돌보면서 놀이터의 아이들을 관찰할 수 있게 하며 주동출입구로 누가 들어오고 누가 나가는지를 볼 수 있게 하기 위해서였다.[8]

또한 얀세이(William Yancey)는 프루트아이고단지의 높은 범죄율은

주택의 새로운 장을 여는 설계로 각종 미디어에서 호평을 받았으며 PA Award를 수상했다. 그러나 주거환경·거주자의 특성 등을 고려하지 않아 온갖 범죄 및 마약거래가 이루어지는 범죄의 소굴로 변하여 결국 사람이 살 수 없는 공간이 되어 지어진지 불과 10여 년 후에 폭파되었다.

6) *Ibid.*, pp. 51~71.

7) Steven P. Lab, *op. cit.*, p. 18.

8) Oscar Newman, *op. cit.*, p. 91.

방어공간의식의 결여, 사회 상호작용과 사회통제망의 결여, 계단·엘리베이터·로비·복도의 설계와 관련이 있다고 주장한다.[9]

3) 크래슨포인트단지

(1) 재계획 전의 단지환경

크래슨포인트단지(Clason Point Gardens)는 뉴욕(New York)시의 브롱스(Bronx)지구에 인접한 곳에 위치한 2층의 복식아파트단지로 1941년 군수공장의 노동자를 위한 주택으로 건설되었고, 그 후 시에 이관되어 시영주택이 되었다. 단지 내의 주호(住戶)수는 총 400호, 밀도는 20호/에이커, 주호(住戶)당 부지면적은 17에이커로 비교적 여유 있는 단지였다. 1970년 개선계획이 수립될 당시의 주민은 백인고령자 32%, 푸에리토리코인 24%, 흑인 29%의 인종구성을 보이고 있었지만[10] 1982년에는 모두 흑인단지로 바뀌었다.[11]

크래슨포인트단지의 각 주호(住戶)는 앞쪽과 뒤쪽에 정원이 제공되었으며 주위의 붉은 벽돌을 사용한 단독 주택군에 비해 회색빛의 콘크리트블록으로 구성되어 군대막사 같은 인상을 주었다. 단지 내 출입구는 모든 이방인에게 개방되었으며 입주자들은 밤낮으로 범죄에 대한 피해로 두려움에 떨게 되었다. 결국 그들은 주거지역에서의 외부활동패

---

9) William Yancey, "Architecture, Integration, and Social Control," in C. Ray Jeffery, *Crime Prevention Through Environmental Design*(Beverly Hills, California: Sage Publications, Inc., 1977), p. 193.

10) Oscar Newman, *op. cit.*, pp. 165~166.

11) 湯川利和, 不安な高層 安心な高層: 犯罪空間學序說(京都: 學藝出版社, 1987), 195쪽.

턴을 변화시키거나 주호(住戶) 밖으로의 출입을 삼가게 되어 단지는
점점 황폐되어 갔다.[12]

(2) 재계획의 주목표

이 지역에 대한 개선은 주민 스스로가 단지의 각 부분에 대한 책임
감을 갖도록 하자는 데 노력이 기울여졌다. 이러한 책임감 부여의 방법
은 주로 사회적이고 비형식적인 것이었지만 각 주민이 이방인의 행동
을 좀 더 자세하고도 확실히 관찰할 수 있도록 하는 것이었다. 또한 기
능적으로 공적인 영역과 사적인 영역을 명확히 구별할 수 있도록 물리
적 환경을 조성하여 주민에게 관리의식과 책임의식을 부여하도록 하였
다. 결국 모든 개선은 단지 전체 지역의 영역성을 강화하고 그 정도를
넓히는 데 주안점을 두어 그 지역에 대한 사회·공간적 질서를 재정립
하는 데 초점이 모아졌다.

개선의 주된 목표를 열거하면 다음과 같다.[13]

① 단지 외부환경에 대한 주민의 감시를 강화시킨다.

② 단지 내 지역을 각기 성격에 따라 공적·반공적·사적 지역, 그리
고 통로지역을 설정한다.

③ 주민의 소유의식을 증진시킨다.

④ 쾌적한 주거환경을 제공한다.

⑤ 단지 내 주민들 간의 세대 간 갈등을 감소시킨다.

⑥ 단지 내 반공적 영역의 사용을 강화시켜 그 지역에 대한 책임의
식을 증대시킨다.

---

12) Oscar Newman, *op. cit.*, pp. 165~166.
13) *Ibid.*, p. 167.

(3) 재계획 설계요소

① 보도의 질적 향상 : 첫째, 사용지역에 따라 각기 다른 색과 패턴을 사용하고 보도의 폭을 넓힌다. 둘째, 공공보도와 주호(住戶)로의 접근로를 구별하기 위해 낮고 상징적인 벽을 설치한다. 셋째, 주민에 의한 효과적인 사용과 외부공간에 대한 시각적 감시가 가능하도록 중간 중간에 벤치를 신설하거나 증설한다. 넷째, 주보도와 부보도와의 교차점에는 어린이 놀이지역을 형성한다. 다섯째, 주민의 시각적 감시와 안전에 대한 느낌을 증진시키기 위해 조명기구를 증설하거나 밝기를 증대시킨다.

② 공적 정원이던 뒤뜰을 8~12가구가 공동사용토록 하며 그루핑된 각 주호(住戶)를 통해서만 출입하도록 하여 사적 정원화한다.

③ 주호(住戶)외장의 재마감 : 이미지쇄신과 친밀감을 주기 위해 치장벽토(Stutto)로 외벽면을 재마감시켰다. 색깔은 주민들의 의견을 종합하여 선택되었으며, 콘크리트 블럭으로 되어 있던 연립주택의 각 주호(住戶)는 벽돌외장으로 바꿈으로써 주호(住戶)의 개성화를 표현할 수 있도록 하였다. 이러한 모든 행위는 거주자에게 개성화, 소유의식을 심어줌으로써 잔디와 보도에서의 관리의식을 유발시키고 주호(住戶)근처의 모든 지역에서 감시기능을 높일 수 있도록 하려는 것이었다.[14]

(4) 단지 내 중앙지역의 재개발

단지 내 중앙부의 공원지역은 위치만이 설정되어 있을 뿐 제반시설이 부족하고 환경이 제대로 조성되지 않아 주민들에게 가장 위험한 장

---

14) *Ibid.*, p. 170.

소로 인식되었다. 계획가들은 이 중앙부지역을 단지 내 모든 계층을 위한 레크레이션지역으로 변경할 것을 결정하였다. 이 지역에 대한 조명기구, 도로면의 포장, 벤치시설과 이들의 배치 등이 신중히 검토되었다. 한편 여러 계층의 사용을 고려해야 되기 때문에 이 지역을 각 계층에 맞도록 여러 개의 구역으로 분리하였다. 어른을 위한 지역은 보수적인 냄새가 풍기도록 설계되었으며, 청소년을 위한 지역은 강렬한 색상을 사용했고, 상상력을 키우기 위해 이상한 모양의 바위 등을 설치하였다. 이들 두 지역은 어린이 놀이터를 중심으로 분리되었다. 어린이 놀이지역은 다양한 놀이시설을 배치하였으며 부모들이 자녀들의 행동을 관찰할 수 있도록 하고 주민들 간의 사회적 접촉을 위해 벤치가 설치되었다. 또한 이 어린이 놀이지역은 완충공간의 역할을 수행하였으며, 이들 지역에 대한 감시는 부근의 주호(住戶)나 인접한 도로에 의해 이루어졌다.15)

(5) 재계획 후의 결과

이 계획은 12개월 동안에 걸쳐 시행되었으며 중범죄는 전년대비 1/3로 격감되었다. 주민의 만족도는 범죄에 대한 공포감의 감소, 단지 내 여러 부분에서의 감시기능의 강화, 재계획된 환경의 질 등에 대한 평가를 통해 살펴본 결과 만족할 만큼 증대되었다. 또한 처음 개선작업이 끝난 후 단지의 관리주체는 환경이 이전보다 훨씬 복잡해졌기 때문에 청소원의 증원이 필요하다고 주장하였지만 실제로는 공적인 성격의 공원 중 80%가 사적인 성격의 정원으로 바뀌었기 때문에 주민들의 자주적인 유

---

15) *Ibid.*, pp. 170~173.

지관리가 가능해졌고, 나머지 20%의 공원에 대해서도 주민들이 자주적
으로 유지관리하게 되어 관리인을 감원할 수 있게 되었다. 재개발 후 중
앙부지역은 주민에 의한 사용이 빈번해졌으며 계획가들은 영역설정의 가
장 성공적인 사례로서 뒤뜰의 사적 정원화를 꼽고 있다.[16]

4) 브롱스데일단지

(1) 개선 이전의 환경

브롱스데일(Bronxdale Houses)은 7층의 고층주동 28개동으로 이루어
진 27에이커의 대규모단지로 크게 세 개의 블럭으로 나누어져 있고, 각
블럭의 중앙부 개방공간에는 뚜렷한 구획이 없이 쓸모없는 상태로 방
치되어 있었다.

주동에는 1층의 로비를 중심으로 정·후면의 현관이 설치된 주동출
입구가 있는데 주동입구를 공유하는 세대수가 많기 때문에 안전할 것
이라는 생각에서 경비를 두지 않았다. 그러나 주동의 공용계단과 엘리
베이터는 주호(住戶)와 시각적·청각적 연결이 불가능한 위치에 있고,
비상계단은 방음성능이 뛰어난 방화문으로 차단되어 자연감시가 전혀
불가능한 상태였다. 또한 하나의 출입구를 많은 사람들이 공유함으로써
누가 외부인이고 누가 주민인지를 가려내기가 불가능하였다.

보도와 단지의 공개공간 쪽으로 많은 주호(住戶)의 창이 개방되어
있었지만 1층 주호의 창은 지상에서 한층 반 정도의 높이에 위치하고
있어 야간의 주거침입에는 효과적이었지만 주동의 출입구나 보도, 공개
공간 등에 대한 1층 주호로부터의 직접적인 자연감시는 불가능한 구조

---

16) *Ibid.*, p. 174.

였다.17) 이는 1층이 영역성 확보에는 유리할 수 있으나 감시성의 희생이 따르는 것으로 보여진다.

(2) 개선실험

뉴먼(Oscar Newman)은 본격적인 개선계획의 수립과 함께 전자감시장치를 포함한 주민의 자주적인 방범의식에 대해 실험을 실시하였다. 구체적인 실험내용은 전자감시장치를 도입할 경우 주민의 자주적인 감시강화에 관한 것으로 이를 정리하면 다음과 같다.

① 각 주호(住戶)의 텔레비전 공채널을 이용한 공용복도, 엘리베이터, 놀이터, 주차장에 관한 시각적 감시
② 모니터를 통한 거주자의 공원과 보도에 대한 비디오감시
③ 각 주호의 출입문을 통한 거주자의 공용복도에 대한 청각적 감시
④ 거주자와 경비원을 연결하는 직통의 통신시스템의 설치

(3) 개선계획의 제안

개선계획의 제안은 주동(住棟) 내 공용공간에 대한 전자감시장치의 설치를 통한 자연감시의 강화, 실질적인 장벽과 상징적인 장벽을 이용한 단지 내 공개장소에 대한 영역성의 확립, 자동잠금장치를 이용한 주동출입구에 대한 출입통제로 크게 분류할 수 있다.

① 자연감시의 강화 : 주민들의 자연감시를 강화하기 위해 전면적인 구조변경이 불가능한 주동 내 공용공간과 단지 내의 보도, 놀이터 등에 전자감시장치를 도입하였다. 이러한 전자감시장치는 경

---

17) *Ibid.,* p. 163.

비원에 의한 전문적인 감시뿐만 아니라 주민들의 자주적인 감시를 도모하기 위해 각 주호(住戶)의 텔레비전 공채널과 연결되도록 하였다.

② 영역성의 확립 : 쓸모없이 버려진 단지 내 공원에 대해 주민들의 영역의식을 강화하기 위해 기존의 세 개 블럭으로 크게 나누어진 단지를 다시 세분하여 3~4개의 주동이 공유하는 소규모 공원으로 세분화시켰다. 이러한 소규모 공원에는 1.8m 높이의 가시저 성격의 울타리를 설치하여 외부인의 출입을 제한시키면서 주민들의 이용은 강화시켰다. 또한 이 지역의 좀 더 활발한 이용을 위해 새로운 놀이기구와 휴식처를 증설하였다.

③ 출입통제 : 공용호수가 많아 외부인에 대한 주민의 자주적인 출입통제가 불가능한 주동의 출입구에 대해 외부인의 출입통제가 가능하도록 전면적인 개조를 실시하였다. 기존의 두 개 출입문을 없애고 새로이 1층 로비로 연결되는 출입문을 설치하였으며, 이곳에는 자동잠금장치를 설치하여 외부인의 출입을 통제할 수 있도록 하였다. 주호(住戶)의 정당한 방문자 및 자동잠금장치의 이용이 곤란한 어린이나 고령자 등을 위해 자동잠금장치가 설치된 출입문 곁에 인터폰을 설치하여 주호와 연락이 가능하도록 하였다.[18]

---

18) *Ibid.*, pp. 176~186.

3. CPTED의 개념을 적용한 구체적 사례[19]

1) 미국 캘리포니아주 오클랜드 락우드 가든(Lockwood Gardens)

오클랜드 락우드 가든에서는 범죄예방의 전략으로 조명개선, 주변 울타리 보강, 안전장치가 된 출입구, 건물 외부수리, 지역주민의 유대감을 나타낼 수 있는 표지판 설치 등이 실행되었다.

도로에 인접한 주택가의 앞마당에 범죄자들이 접근하는 것을 제한하기 위하여 길 주변에는 허리 높이의 울타리를 설치하였고, 외곽에는 2~3m 정도 높이의 울타리를 설치하였다. 또한 외곽 울타리 양끝에는 출입구를 설치하고 열쇠를 부착하여 허가 받은 사람들만이 출입할 수 있도록 하였으며, 출입구 근처에 경비실을 설치하여 안전요원을 배치함으로써 상설 감시체제를 갖추었다.

이렇게 변화된 울타리와 출입구, 경비원 덕분에 범죄자들의 접근과 도주가 어려워졌으며 주거지 내에서의 마약거래상들의 거래가 근절되었다.

2) 미국 텍사스 휴스턴(Houston)

Bob Lanier 시장 재직 시 휴스턴 주택지구의 삶의 질 향상을 위한 도시재활력 프로그램인 「Neighborhood to Standard」를 마련하여 도심지의 재활력과 안전성 강화를 위해 노력하였다.

이를 위해 지역사회의 문제와 필요성에 대해 지역주민들을 대상으로 여론조사를 실시하여 공공시설, 가로등, 도로 정비, 폐가 정비, 하수구

---

19) 경찰청, 환경설계를 통한 범죄예방(CPTED)방안, 2005, 30~31쪽.

정비, 가로 미화 등 지역주민들이 원하는 사항에 우선순위를 두고 도시 환경을 개선하였다. 또한 공원과 같은 공공지역의 안전문제가 도시지역 주민들의 삶의 질과 밀접한 관련이 있다는 인식하에 기준보다 높은 조명 설치, 주민들이 같이 할 수 있는 프로그램 개발, 도시 가로등의 효율성 증가를 위해 조경수 전지작업, 주택가나 미개발 지역의 조경정리 등을 실시하였다.

이와 같은 시의 적극적인 노력으로 주거단지가 활성화됨에 따라 주변지역 또한 안정화되는 "오아시스효과"가 나타났다.

3) 미국 보스턴 캐슬 스퀘어(Castle Square)

보스턴 서쪽 끝에 위치한 캐슬 스퀘어는 범죄예방을 위해 대대적인 보수과정을 통해 물리적 환경을 재설계하였다.

중·저층의 건물들은 접근통제를 강화하기 위해 명패 옆에 초인종, 인터콤 또는 폐쇄회로 TV(CCTV)를 설치하였고, 건물 뒤편에 설치된 후문계단과 연결통로를 폐쇄하거나 밤 10시부터 익일 아침 6시까지는 시정하여 외부인의 접근을 통제하였다. 또한 주민들이 주거지역 내의 보행로를 거닐면서 안전함을 느낄 수 있도록 주택단지 앞쪽으로 가로등을 설치하고, 거리에는 밝은 색으로 페인트칠을 함으로써 길을 환하게 보이게끔 하였으며, 부랑인이나 실업자들이 모여드는 후미진 장소는 울타리를 치거나 각종 식물을 심어 정원으로 바꾸는 노력을 통해 범죄 발생을 억제하고자 하였다.

4. 미국의 입법사례[20]

1) 아리조나주 템페시(The City of Tempe) 조례

템페시는 1997년 CPTED 조례를 신설하여 건축, 도시개발 및 환경 분야에 CPTED 개념을 도입·적용하고 있다.

조례는 범죄예방 계획에 대해 평가하고 승인할 수 있는 권한을 경찰에게 부여하고 있으며 새로운 건물을 건축하거나 현존하는 건축물의 50%를 초과하는 증·개축은 물론 기존의 다세대 주택을 세대별로 분할 등기할 때에도 새로운 CPTED 규정을 적용하도록 하였다.

또한 내부 공간, 조명, 조경, 벽과 접근통제를 위한 출입구, 표지판 설치 및 주소의 표시, 건축물 내 각 영역의 목록게시, 감시창 설치 및 주차장의 구조 등에 대한 기준과 규격 등을 정하고 있다.

템페 시 조례의 가장 큰 특징은 CPTED 관리과에 소속된 경찰관들에게 CPTED 조례에 부합하지 않는 건축에 대해서는 그 작업을 중단시키거나 스티커를 발부할 수 있는 권한을 부여하였다는 것이다.

2) 플로리다주 게인스빌시(The City of Gainesville) 조례

게인스빌시는 1986년 4월부터 「편의점 행정조례」를 제정하여 시행하고 있다.

이 조례는 편의점의 물리적 설치사항에 대한 규정을 마련하여 유리창을 가리는 안내문이나 게시물의 부착 금지, 계산대를 편의점 밖 거리에서 잘 보이는 곳에 설치, 주차장 조명의 조도기준 및 감시카메라의

---

20) 상게서, 26~27쪽.

기준 마련, 점포 내에 보유할 수 있는 현금의 한도 제한 및 그 기준을 초과하면 바로 보안요원이 운반해 갈 수 있도록 운반용 상자에 넣도록 하는「현금관리원칙」의 입법화와 종업원들의 강도예방교육 이수를 의무화하는 등「관리원칙」을 제도화하였다.

이러한 조례 시행 후 7년 동안 게인스빌시에서 발생한 편의점 강도 사건이 그 이전 6년간에 비해 80% 감소하는 등 획기적인 범죄예방 효과가 나타나자 여러 다른 지방자치단체에서도 유사한 입법이 이루어졌으며, 1992년 1월에는 플로리다주에서 이와 유사한 내용의 주법을 제정하기에 이르렀고, 게인스빌시 조례는 버지니아, 오클라호마, 캘리포니아 및 텍사스 등 다른 주의 입법 및 외국의 입법에 있어 그 모델이 되기도 하였다.

3) 버지니아주 브리스톨시(The City of Bristol) 가이드라인

2001년 브리스톨 CPTED 전문가들로 구성된 위원회를 만들어 CPTED 가이드라인을 만들었다.

이 가이드라인에서는 단독주택·다가구주택·근린주구·공공건물·학교·공원·산책로와 공공장소·사무실·상업지역에 대한 범죄와 범죄의 공포감을 줄일 수 있는 설계지침을 제시하고 있다. 또한 분명한 시야선을 확보하기 위해 조경과 조명의 설계 가이드라인과 주차장에서의 범죄를 감소시키기 위한 설계 가이드라인도 마련하였다.

제2절 영국 커크홀트단지의 연구사례

영국에서는 범죄에 대처하는 정책으로서 전통적으로 범죄수사, 범죄자의 교정 등 이미 발생한 범죄에 대한 대응책이 중심이었다. 그러나 급격한 치안악화에 직면하여 경찰뿐만 아니라 사회전체 및 정부의 각 기관이 범죄방지에 적극 참여하여야 하며 그 방법으로서는 범죄를 유발하는 기회를 감소시키는 환경적 접근이 효과적이라는 점이 강조되고 있다.

1. 커크홀트단지의 환경과 문제점

커크홀트(Kirkholt)단지는 그레이터맨체스터(Graeter Manchester)주의 로치데일 지구 도시 중심부(Rochdale town center) 남쪽 2마일 지점에 위치하며 관할경찰은 그레이터맨체스터 경찰본부의 로치데일 경찰서 로치데일 북분서이다. 약 2,280세대를 수용하는 대단지이며 자동차 간선도로에 의해 명확한 경계가 획정되어 있다.

커크홀트단지가 계획의 대상으로 선정된 것은 주거침입절도의 발생률이 매우 높았기 때문이다. 계획 보고서에 따르면 1985년 1월~5월 사이에 커크홀트단지에서 연간 전세대의 24.6%가 주거침입절도피해를 입었으며, 이것은 1984년의 전국 범죄피해조사(British Crime Survey)[21]

---

21) 이 조사는 경찰의 범죄통계로서는 파악할 수 없는(미신고된 숨은 범죄가 있으므로) 범죄피해실태를 명확하게 측정할 목적으로 내무성조사기획단에 의해 1982년과 1984년에 실시되었다. 조사방법은 잉글랜드(England)

에서 주거침입절도의 발생률이 높은 지역의 2배 이상이나 되어 주거침입절도피해가 심각한 문제에 직면하고 있었다.

범죄예방대책을 검토함에 있어서 범죄에 관한 정확한 정보를 수집하여 이를 정밀하게 분석한다는 것은 필수적인 일이다. 그런데 경찰 이외에는 이러한 정보원이 없는데다가 경찰의 기록도 범죄예방에 관련되는 상세한 정보는 기록된 것이 거의 없었다. 그래서 프로젝트집행팀은 단지 내 주거침입절도의 범죄유형을 보다 명확하게 인식하기 위하여 다음과 같은 방법으로 독자적인 정보를 수집하였다.[22]

1) 범죄자와의 면담

로치데일 경찰서 관내에서 1986년 상반기에 주거침입절도를 범하여 유죄판결을 받은 범죄자에 대하여 주거로부터 범죄장소까지의 거리, 교통수단, 대상가옥의 선정이유, 사전준비, 대상가옥 및 피해자에 대한 지식, 범행의 일시·상황, 절취하려고 했던 재물의 종류와 그 처분방법, 범행 시의 감정·이유·동기 등을 질문하였다.

이 면담에서 얻은 결과는 적어도 로치데일 경찰서의 주거침입절도는 지역적인 범죄라고 할 만한 특징을 띄고 있었다. 예를 들면 67%는 그들의 범행이 거의 모두 로치데일 또는 인접하는 구역 내에서 범하고

와 웨일즈(Wales)에서 무작위로 응답자를 추출하여 범죄피해경험에 관한 질문의 회답을 집계한 것이다. 이 조사 결과 숨은 범죄를 포함한 실제 범죄건수는 경찰에 의해서 인지된 건수의 약 4~5배를 달해 범죄통계와 차이가 많았다.

22) 범죄자와의 면담은 주로 보호관찰관에 의해 행해졌는데 전체 대상자의 77%에 해당하는 76명이 인터뷰에 응했으며 그중 15명은 커크홀트단지에서 침입절도를 범한 자들이었다.

있었다. 또 "범죄장소와 당신의 주거지와의 거리는 얼마나 되느냐"는 질문에 대해 85%가 5마일(약 8㎞) 이내라 대답했고, 53%는 2마일(약 3.2㎞) 이내라고 대답했으며 특정 주거침입절도를 추출해서 행한 질문에 대해서는 63%의 범행이 1마일(약 1.6㎞) 이내의 거리이고, 77%의 범인은 대상가옥까지 걸어서 도달하고 있었는데, 이와 같이 로치데일에서의 침입절도는 지역 내적인 범죄라는 특징을 가지고 있었다.

기타 면담의 결과를 보면 다음과 같다.

① 대상가옥의 선정에 있어서 가장 고려하는 사항(반대로 말해서 범행을 방해하는 사항)은 가족이 집안에 있는 것처럼 보이는 외관

② 대부분의 범인은 문·창문을 부수고 침입하고 있어서 시정장치의 철저만으로는 방범적으로 한계가 있다고 생각된 점

③ 43% 정도의 범인은 절도한 물품을 고물상을 통해 처분하고 있음이 밝혀져 가재도구에 재물표시(property marking)[23]를 실시하면 효과가 있는 것으로 기대된 점

2) 피해자 및 이웃사람들과의 면담

범죄자의 대상가옥 선정에 관한 정확한 정보를 얻으려면 대상가옥의 이웃과도 비교함으로써 사회적 특징이 명백해진다고 생각되어 계획된 것인데 다음과 같은 결과가 나왔다.

피해자 및 그 이웃과의 면담에서 얻어진 결과의 개요는 다음과 같다.

① 평균 피해액은 137파운드(그중 현금피해는 46파운드), 선불계량기

---

23) 이것은 도품의 처분을 어렵게 하기 위하여 귀중품 등에 소유자를 특정할 수 있는 기호를 새겨 넣는 방범수단을 의미한다.

(coin-operated fuel meter 또는 pre-payment fuel meter)[24] 내의 현금과 오디오, 비디오기기가 가장 범인이 잘 노리는 물건이었다.

② 침입구의 70%는 이웃집에서 보이는 곳이었다. 따라서 피해자와 이웃이 서로 감시체계를 가질 필요가 있다는 사실이다.

③ 침입수법에 대해서는 3분의 2가 창문을 통한 침입이었다. 문에 대해서는 문을 억지로 밀어서 부수고 침입한 것이 많았고, 아무리 좋은 시정장치도 무용지물이었다는 것이다.

④ 피해지와 그 이웃의 가옥을 대비해 보면 창문의 시정장치에는 양자간에 차이가 없고, 다만 차이가 인정된 점은 개를 기른다는 것(피해자 22%, 이웃 40%), 그리고 범행 시에 가족이 안에 있는 것처럼 보였다는 것(피해자 42%, 이웃 80%) 등이었다.

3) 반복피해의 확률조사

프로젝트 집행팀은 다시 반복피해(multiple victimization)의 확률에 대한 조사를 했다. 특정한 사람이나 장소가 반복해서 피해를 받기 쉽다는 것은 과거의 연구로 시사된 바가 있었지만 커크홀트단지의 과거 1년간의 주거침입절도 피해확률은 이웃의 약 2배라는 결과가 나왔다.

또 1986년에 단지에서 발생한 주거침입절도를 분석한 결과, 한번 피해를 입은 세대가 같은 해에 반복피해를 받는 확률은 일반세대가 첫번 입는 피해의 확률보다 4배 이상이나 높은 것으로 나타났다.[25]

---

24) 전기나 가스요금의 징수를 확실하게 하기 위하여 동전을 넣어 작동시키는 구조의 미터기는 항상 어느 정도의 현금이 계량기 내에 들어 있기 때문에 침입절도의 표적이 되기 쉽다. 이 때문에 현재는 동전 대신에 카드를 이용하는 등 개선이 도모되고 있다.

이 결과는 어떤 범죄자에게 취약하고 매력적인 가옥은 다른 범죄자에게도 매력을 주고 있다고 생각된다. 범죄자의 대상가옥 선정의 요인 중에서 간선도로에 가까워서 도주하기 쉽다거나 이웃집과 떨어져서 한적하다거나 하는 요인은 단기적으로 쉽게 변경할 수 없는 것이다. 한번 피해를 입은 세대가 일반세대보다 다시 피해를 당하기 쉽다는 커크홀트단지의 특징은 범죄예방대책을 계획함에 있어 중요한 요인이 되었다.

2. 범죄예방대책의 기획 및 구체적 시책

커크홀트단지에 관한 정보를 수집하여 이를 근거로 범죄예방대책의 기본전략 및 구체적 시책을 검토하였다. 그 기본적 전략으로서 첫째는 한 가지 방범수단을 취하는 것이 아니라 여러 가지 수단을 동시에 종합적으로 실시하기로 했다.

기본전략의 둘째는 단지 전역에 걸쳐 시책을 실행하는 것은 방범계획의 기간 및 예산관계상 어려운 점이 있었기 때문에 단지의 어느 지역 또는 어느 집단에 시책의 중점을 두느냐가 문제가 되었다.

최종적으로 프로젝트집행팀은 반복피해율이 일반세대보다 높다는 점에 착안하여 주거침입절도피해를 입은 경험이 있는 세대에 중점을 두기로 했다. 이러한 기본전략에 따라서 프로젝트집행팀은 아래와 같은 구체적 시책을 실시하기로 결정하였다.

---

25) 반복피해의 확률이 기대치보다 높은 것은 커크홀트단지만의 특이한 현상은 아니고 전국범죄피해조사자료에서도 찾을 수 있었다.

1) 현금계량기의 교체

커크홀트단지에서는 전기 및 가스사용료 현금계량기 내의 현금이 주
거침입절도의 좋은 표적이 되고 있었는데 전체 주거침입절도의 49%가
이 현금을 훔쳤다. 그리하여 그 대책으로 전기 및 가스공사의 협력을
얻어 이들 계량기를 현금을 사용하지 않는 카드방식의 계량기로 교체
하기로 했다.

2) 가옥의 안전성 개선

피해자 가옥의 조사에 의해 문 및 창문의 시정장치의 질이 나쁘고,
또한 문이 낡아서 힘을 가하면 문짝이 부서져 침입하기가 용이하다는
사실이 판명되었다.
그래서 프로젝트집행팀은 지방자치단체 주택국에 요청하여 이러한
피해자 가옥 중 방범적으로 취약한 부분을 개선하게 했다.
주택국은 프로젝트집행팀의 이러한 협력요청을 받아들여 7만 5천 파
운드의 예산을 확보한 후 1986년 11월부터 3년간 안전을 위한 개선계
획을 실시하였다.

3) 지역사회지원팀의 활동

지역사회의 범죄예방활동을 성공시키기 위해서는 지역주민 스스로의
참가와 노력이 필요함은 두말할 나위가 없다. 그래서 프로젝트집행팀은
「지역사회지원팀」을 조직하여 주택단지의 주민과 접촉해서 주민의 협
력·지원을 얻는 데 주력했다.

이 팀의 구성원은 로치데일 고용위원회(Manpower Services Commission)의 협력을 얻어 직원을 충당할 수 있었는데 지원팀의 구체적인 임무는 다음과 같다.

① 피해자집을 방문하여 지원활동을 하고 피해자 구호기관 등 적절한 기관과의 연락을 중개하는 일

② 피해자집의 방범진단 및 가재도구에 대한 재물표시의 실시

③ 피해자 이웃사람들에게 지원을 요청하여 소규모의 근린경계활동(community team)을 조직화하는 일

④ 피해자나 이웃사람에 대한 면접조사

4) 누에고치형 근린경계활동

프로젝트집행팀은 피해자의 가옥을 중심으로 피해자집을 빙 둘러싸고 감시하는 형태의 소형 또는 누에고치형 근린경계활동(Cocoon Neighbourhood Watch Project Team)을 조직화하기로 했다.

그 이유는 피해자집이 반복피해율이 높다는 점, 침입구의 70%가 이웃집에서 잘 보이는 점 등을 고려하여 매우 효과적이라고 생각되었기 때문이다.

이 시책은 부차적 효과로서 근린경계활동에 대한 단지주민의 관심을 환기시켜 단지 전역에서 근린경계활동의 조직화가 추진되어 1987년 말에는 75개 근린경계활동조직이 경찰에 등록되었다.

이러한 이웃 간 경계활동의 효과는 주거침입절도의 대부분이 주택단지 내부주민의 범행이었기에 과거에는 일반주민이 피해를 입거나 범행을 목격해도 보복을 두려워하여 경찰에 신고하지 않는 경우가 많았으나 현재는 근린경계활동의 성과에 따라 이웃끼리 서로 감시하고 서로

도와주려는 풍토가 조성되어 이제는 주거침입절도범도 예전처럼 당당하게 범행을 저지르지 못하게 되었다.

실제 검거된 주거침입절도범도 주민이 감시하고 있으면 범행이 쉽지 않았다고 실토하고 있다.

3. 범죄예방시책의 효과

이 프로젝트시책이 완전히 실시된 것은 1987년 3월부터인데 커크홀트단지 전체의 주거침입절도의 월별 건수는 이 프로젝트가 완전히 실시된 1987년 3월 이후 현저히 감소하여 현재에 이르고 있다. 즉, 1986년부터 1988년까지 3년간의 1월부터 10월까지의 기간을 비교해 보면 1986년의 발생건수를 100으로 한다면 1987년은 63.4, 1988년은 31.6으로 대폭적인 감소추세에 있다.

커크홀트단지와 경찰분서 내의 다른 지역과 주거침입발생건수를 비교해 보면 다른 지역에서는 침입절도건수가 근소하나마 여전히 상승하고 있는 데 비해 커크홀트단지에서는 두드러지게 감소하고 있으므로 시책이 효과가 있음이 증명된다.

그리고 커크홀트단지에 인접한 지역에서는 근소하나마 침입절도가 감소하고 있어 방범시책이 범죄를 타 지역으로 밀어내는 전이현상26)은 일어나지 않았다.

---

26) 전이현상이란 특정범죄의 감소가 다른 범죄의 증가를 가져오거나 한 지역에서의 범죄의 감소가 인근 다른 지역에서의 범죄의 증가를 가져오는 것을 말한다. Ronald V. Clarke(ed.), *Situational Crime Prevention: Successful Case Studies*(New York: Harrow and Heston Publishers, 1992), p. 22 참조.

이상의 통계상의 결과를 보아도 알 수 있듯이 이 프로젝트시책은 그 중점적인 목표였던 주거침입절도의 반복피해를 감소시켰음은 물론 단지 전체의 주거침입절도를 대폭 감소시키는 데 대단한 효과가 있었다고 평가할 수 있다.

4. CPTED의 개념을 적용한 구체적 사례[27]

영국 웨스트 요크셔지역 중 SBD를 도입한 주택지구는 인근지역에 비해 주거침입절도는 2배, 차량범죄는 2.5배 정도 적게 발생하였으며, 손괴행위는 25% 정도가 덜 발생한 것으로 밝혀졌다.

또한 2003년에 Smith 등은 연구를 통해 대규모 공영 및 민영 주차장에 방범환경설계제도(Secured by Design: SBD)[28]를 적용하여 방범대책을 강화할 경우 범죄발생 빈도와 범죄피해 두려움이 감소하는 것을 밝혀냈다.

또한 캠브리지 대학교수 Welsh와 Farrington은 보안등을 밝게 개선하거나 우범지역에 추가 설치할 경우 평균 20% 정도 범죄가 감소하고, 주민들도 전보다 훨씬 안전하게 느끼고 있음을 발견하였다.

---

27) 경찰청, 전게서, 32쪽.

28) 방범환경설계제도(Secured by Design: SBD)는 건물의 신축이나 재건축, 리모델링 계획 수립 시 경찰에 SBD 인증 신청을 하면 CPTED 전문경찰관이 제출된 설계도 등 관련서류를 검토한 후 시공, 건축, 완공단계에 현장조사를 나와 개발구역 전체에 대한 환경설계와 범죄예방 구조를 점검하여 경찰이 미리 제시한 구체적인 기준에 일치했을 경우에 SBD 인증서와 당해 건축물에 SBD 로고를 부착할 수 있는 권한을 부여하고 있다.

5. 영국의 입법사례[29]

지역적이고 산발적이며 다양하고 정책 중심적인 미국의 CPTED에 비해 영국은 국가가 주도하여 중앙집권적이며 법 중심적인 접근방식을 채택하고 있다. 특히, 우리나라의 국무총리실과 행정자치부격인 부총리실(ODPM)과 내무성(Home Office)의 적극적인 연구지원과 정책 및 법제 마련으로 더욱 강력하고 구체적인 CPTED 전략을 수행해 오고 있다.

영국의 대표적인 CPTED 제도는 방범환경설계제도(Secured by Design: SBD)로 영국 전역에서 경찰, 건설교통부, 내무성의 협의하에 추진되고 있다.

또한 CPTED를 제도화하기 위해 1998년 「범죄와 무질서에 관한 법률(Crime and Disorder Act)」을 제정하였는데, 동법 제17조는 "지방정부는 모든 업무에 있어 지역사회의 안전이라는 관점을 반영하여야 한다. 모든 정책, 전략, 계획 및 예산은 범죄와 무질서의 감소에 대한 기여라는 관점에서의 검토를 거쳐야 한다"라고 규정하여 지방정부와 경찰은 모든 의사결정과 업무를 수행함에 있어 범죄예방을 우선적으로 고려해야 할 책임이 있다.

이를 위해 부총리실(ODPM)에서도 도시계획 정책안(Planning Policy Statement)의 핵심 중의 하나로 「도시계획체계와 범죄예방(The Planning System and Crime Prevention)」이라는 범죄예방환경설계 지침서를 제공하고, 각 지방자치단체는 실정에 맞는 「방범용 도시설계 지침서」를 만들어 공공시설이나 건물의 건축설계 계획을 수립할 때와 일반

---

29) 상게서, 28~29쪽.

건축물의 건축허가나 승인 시 활용하고 있다. 최근에는 경찰 SBD의 방범설계 지침을 도시계획이나 건축허가의 필수조건으로 삼는 지방자치단체가 증가하는 추세를 보이고 있다.

제3절 일본 방범모델도로의 연구사례

1. 방범모델도로설치 배경

1981년 11월 9일 아이찌(愛知)현 나고야(名古屋)시 守山區의 白澤小學校區에 전국에서 처음으로 방범모델도로가 설정되었다. 이 방범모델도로는 특정 생활도로를 중심으로 시가지의 물리적 환경을 정비하고, 그 정비작업을 상징적으로 조작하면서 지역전체의 방범성을 향상시키려는 시도로서 이는 환경설계에 입각한 것이었다.[30]

방범모델도로가 설정된 白澤小學校區는 나고야시 외곽에 위치한 신흥주택지로서 택지화가 추진되어 인구유입이 많은 지구였다. 이 白澤學區에 모델도로가 설정된 배후에는 ① 하교도중 여자 중학생이 길을 지나다 젊은 남자로부터 비닐 끈으로 목이 졸려 죽은 범죄사건이 연속하여 발생한 점 ② 더욱이 그 수개월 전에 이 사건이 발생했던 현장부근에서 금융기관 강도사건이 발생하여 주민불안이 증대하고 있었던 점 ③ 이 일에 대해 경찰로서는 어떠한 긴급대응조치가 취해져야 할 필요

---

30) 淸永賢二·小出治, "防犯モデル道路の現狀と犯罪防止效果."(都市防犯硏究會報告 二), 警察大學校, 警察學論集, 第40卷 第4號(1987. 4), 151~166쪽.

가 있었다는 점 등이 있었다. 이러한 상황에서 당시 아이찌현 경찰본부 방범과와 수산서가 전국에서 최초로 방범모델도로를 설치하게 되었다.[31]

白澤小學校區의 방범모델도로가 생긴 것을 계기로 아이찌(愛知)현의 방범모델도로는 주로 學區를 단위로 증설되어 1986년에는 현 전역에 31개 지점으로 확대되었다.

2. 방범모델도로의 골격

방범모델도로발상의 기초가 되었던 경찰청의 「방범도로」에서는 〈표 3-3〉과 같은 방범도로 설정기준의 요소가 제시되고 있다.

---

31) 원래 이 방범모델도로의 발상은 경찰청 방범과가 1981년 3월에 저술한 「도시에 있어서의 방범기준책정을 위한 기초조사보고서」 속의 「부녀자의 귀가행동을 기준으로 한 방범도로」에서 찾을 수 있다.

〈표 3-3〉 방범모델도로 설정기준 요소

항 목	요 인
일정한 조명이 있다	가로등, 인가의 불
도로의 전망이 보인다	직선, 도로의 폭
인가가 많다	조명, 긴급피난
건물이 도로에 접근하여 조명이 도로에 비치고 있다	조명, 긴급피난
어두운 곳과 사람이 끌려갈 수 있는 골목길이 적다	위험한 장소
어느 정도의 도로 폭이 있다	경계거리, 주의력조정
사람이 걷는 발소리가 울린다	정보, 노면포장
목소리가 인가에 미친다	긴급피난
보도와 차도와의 경계가 명확하다	차의 공포, 끌려가는 불안
작은 도로가 많이 접속해 있지 않다	위험한 요소, 끌려간다
모퉁이와 사각이 적다	주의력조정
높은 칸막이가 계속되고 있지 않다	잠복, 긴급피난 불리
숲과 빈 터가 적어 방범적으로 관리되고 있다	위험의 잠복, 예방
인가의 정원전망이 좋다	주의력, 위험의 예방

※ 자료: 淸永賢二·小出治, "防犯モデル道路の現狀と犯罪防止效果,"(都市防犯硏究會 報告 二), 警察大學校, 警察學論集, 第40卷 第4號(1987. 4), 157쪽.

이 요소표를 참고로 환경설계 측면에서 다음과 같은 도로환경의 하드웨어인 물리적 정비의 지원 등을 통하여 방범효과를 강화하기 위해 방범모델도로를 설정하였다.

1) 감시성의 향상대책

(1) 공중전화의 증설과 비상벨의 설치

당초에는 비상벨만 설정되었지만 그 후 벨에 연동해서 적색회전등이 점멸하는 기기시스템으로 발전해 갔다.

(2) 가로등의 증설

이미 설치된 가로등에 추가하여 방범등으로서 증설을 추진했다. 이들 시설의 설정에 의해서 거동수상자의 감시성을 높이는 조명의 확보가 이루어짐과 동시에(공중전화박스에서 흘러나오는 조명, 방범등의 조명) 도로의 자연적인 감시자(공중전화 이용자)가 확보되고, 범죄자에게는 발각되어 체포되지는 않을까 하는 두려움을 갖게 하는 위하 기기시스템의 설치가 추진되었다.

2) 동선제어의 확보대책

(1) 보도의 신설

차량이용납치범행 등의 발생을 예방할 목적으로 보도를 신설하고 보차도 사이에 분리철책을 설치했다. 원래 보도를 설치하기에 충분치 않은 도로에 관해서는 도로 옆의 농업용수로에 덮개를 해서까지 보도를 확보했다. 나중에는 보도를 컬러로 포장하고, 방범모델도로라는 것을 명확하게 색으로 표시하기에 이르렀다.

(2) 도로환경정비책으로서의 주민에 의한 도로 청소작업

방범모델도로 옆의 잡초와 방치된 간판 등을 주민의 자발적 작업에 의해서 제거함으로써 도로환경의 방범성이 강화됨과 동시에(차도로부터의 접근저지, 거동수상자 잠복의 조기발견) 교통사고도 감소했고, 더구나 주민 사이에 「우리 마을 도로의식(도로에 대한 영역감)」의 형성이 추진되었다. 그 결과 사람들의 근린의식의 강화와 방범활동에 대한 저항감의 감소는 물론 적극적으로 도로환경을 개조하려고 하는 의식까지 형성되었다.

3) 지원활동의 촉진대책

(1) 순찰의 강화

소재지 관할서인 수산서(守山署)가 방범모델도로를 순찰요점으로 지
정하여 순찰차 등에 의한 순찰을 강화했다.

(2) 방범연락소의 증설

이미 설치된 방범연락소를 곳곳에 추가 증설하고 주민들에게 새롭게
연락소를 위탁했다. 동시에 연락소의 업무내용을 명확히 하고 방범연락
소표시판의 게시, 도로에 대한 감시의 강화, 거동수상자 발견 시 110번
신고 권장, 문 앞에 밝히는 등 등의 철야점등 권장, 긴급 시에 있어서
의 피해자의 적극적인 수용보호 등을 의뢰했다.

(3) 白澤學區 방범모델도로 추진협의회의 발족

방범모델도로 설정추진을 목적으로 하는 주민 주체의 협의회가 새롭
게 만들어졌다. 회장에는 지구의 구정협력위원장이 되고, 이사에는 소
재지의 소학교장도 선출되었다.

(4) 방범모델도로 표시판의 설치와 입간판 등의 게시

도로의 중요 지점에는 범죄자들에 대한 경고의 의미로 방범모델도로
라는 입간판을 길가에 세워 두거나 또는 표시판을 도로상에 파묻어 설
치했다.

4) 방범의식의 향상대책

(1) 소·중학교에서의 지도

방범모델도로의 이용방법 또는 비상벨 장난금지 등의 지도교육이 방범모델도로를 설정한 소·중학교에서 행해져 방범교육으로 시행되게 되었다. 이것은 장기적으로 보면 범죄에 대해 저항력이 강한 주민을 육성하려는 시도였다.

(2) 범죄자의 침입을 가상한 주민·경찰연계훈련의 실시

매년 1회 방범모델도로를 설정한 지구주민은 설치된 기기를 이용하여 범죄자의 침입을 상정한 훈련을 실시하고 있다.

이러한 대책의 성립으로 주민의 방범의식이 강화된 것은 물론이고 학교에서의 지도를 통한 청소년비행화 방지가 추진되고, 더 나아가서는 범죄자에 대한 강한 위하효과도 발휘되었다(주민의 방범훈련).

이상을 정리하면 白澤學區에 있어서의 방범모델도로 조성은 장(場)·대상(對象)·법(法)·범죄자(犯罪者) 등 범죄예방을 위한 네 가지 기본적 조건 중에서 장(도로)의 개조를 중심으로 하여 교묘하게 조합한 상징적 작업이다. 도로의 개조에 의한 장(場)의 강화, 동선에서의 범죄자·거동수상자의 배제, 역으로 피해자보호책=주민의 보호체제의 확립, 학교에서의 방범교육을 통한 사회적 규범(법의식)의 강화 등이 방범모델도로를 중심으로 성립하고 있다고 진단할 수 있다.

이러한 守山區 白澤學區에서의 방범모델도로 조성은 그 후 여러 차례의 시행착오를 거듭하면서 새로운 경험을 추가해서 보다 강화된 방범모델도로의 설정으로 발전하여 오늘에 이르고 있다.

3. 방범모델도로에서의 범죄발생상황

1) 白澤學區 방범모델도로 설정지구의 범죄동향

방범모델도로 설정의 선구였던 白澤學區의 범죄동향을 살펴보면 설정되었던 1981년부터 1985년의 5년간 90건을 기준으로 거의 변동이 없어 방범모델도로의 설정이 범죄감소에 그다지 결부되지 않는다는 것으로 나타났다. 그러나 白澤學區가 나고야(名古屋)시 외곽에 위치해서 최근 5년간 시가지 개발과 인구유입이 급속하게 진행되고 있는 것을 생각하면 별 변동이 없는 상태를 유지하는 것만으로도 그 효과가 있다고 할 수 있으며, 방범모델도로상에서의 범죄발생은 거의 인지되고 있지 않다.

1985년에 學區 내에서 발생했던 범죄의 내용을 살펴보면 가장 많은 것이 자전거절도(전체의 23%), 다음으로 주차 중인 자동차에서의 절도(18%), 그리고 빈집털이(16%) 순이다. 흉악범죄 또는 신체에 피해를 입히는 범죄는 거의 발생하고 있지 않다. 재산범, 그것도 대체로 피해가 경미한 경범죄가 대부분이기 때문에 주민의 범죄불안감은 그다지 높지 않은 것으로 나타났다.

2) 방범모델도로 전체의 범죄동향

白澤學區를 포함한 아이찌(愛知)현의 31개 전체 방범모델도로 설정지구에서의 범죄동향은 명백하게 감소경향을 나타내고 있다. 예를 들면 1983년에 설정된 방범모델도로의 學區에서는 1983년부터 1985년의 3년간 8%(218건)나 범죄가 감소했다. 또한 1984년에 설정된 지구에서도 1984년부터 1985년에 걸쳐 7%(152건)나 감소하고 있다.

이러한 감소경향은 방범모델도로상에서의 범죄발생동향을 보면 더욱 더 명백하게 나타나고 있다. 1983년에 설정한 방범모델도로에서는 1983년부터 1985년에 무려 50%(146건)나 범죄가 감소하고 있다. 또한 1984년에 설정한 지구에서도 1984년부터 1985년에 17%(40건)나 감소하여 범죄발생의 억지에 효과가 있었다.

4. 방범모델도로의 방범효과

아이찌(愛知)현의 방범모델도로를 전국적으로 확대실시하기 위하여 전국적인 시설화의 가능성을 평가한 결과(시행 후 3년 뒤인 1984년 평가)를 보면 매우 큰 방범효과가 있는 것으로 나타났다.

첫째, 실질적으로나 심리적으로도 큰 효과가 있었다. 실질적인 효과를 보면 ① 1982년 중에 설정된 방범모델도로상의 범죄발생(교통관계 업무상중과실치사상 제외)은 3년 후인 1984년에는 60%나 감소되었다. 또한 전국적으로 범죄가 증가하고 있었지만 방범모델도로를 설정했던 지구에서는 1982년과 1984년 사이에 범죄발생은 6%가 감소되었다. 이와 같이 방범모델도로의 설정은 도로라고 하는 선뿐만 아니라 지구라고 하는 면에까지 범죄로부터 안전성 확보효과를 거두었다. ② 감소한 범죄의 죄종을 보면 풍속범죄를 제외한 모든 범죄가 감소하고 있고, 특히 노상범죄나 주거침입범죄의 감소는 방범모델도로의 여러 가지 범죄예방효과를 나타내고 있어 주목된다. 이와 같이 실질적인 범죄예방효과가 높다는 것은 현재 방범모델도로에 관계하고 있는 전문가들의 평가에 의해서도 지적되고 있다.

심리적 효과를 보면 주민의 80%가 방범모델도로 설정으로 어느 면에서 심리적으로 안심하고 있음이 판정되었다. 예를 들면 자녀 통학 시의 안도감이 높아졌다고 하는 자가 57%, 젊은 여자들이 심야 귀가 시에 안전감이 높아졌다고 하는 자가 42%, 침입절도에 대한 안전이 높아졌다고 하는 자가 35%를 차지하고 있다.

둘째, 방범모델도로가 가지고 있는 직접적인 범죄방지 효과보다 도로정비 등으로 이루어진 주민의 근린의식의 향상과 자율방범활동 등의 간접적인 효과가 더 큰 것으로 나타났다. 전문적인 범죄자들을 조사해 본 결과 그들이 가장 싫어하는 것은 주민의 근린관계의 친밀화와 연대성이 강화된 지역이었다. 방범모델도로 인근의 주민들은 도로청소나 주민·경찰합동 방범훈련 및 언론매체를 통한 훈련내용 등의 보도로 범죄자의 침입저지에 큰 효과를 발휘하고 있었다.

셋째, 방범모델도로의 설정은 많은 부수적·현실적 효과가 있었다. ① 교통사고 발생 방지, ② 자동차의 불법주차의 방지, ③ 소년의 비행화 방지, ④ 경찰에의 친근감 형성, ⑤ 경찰과 시민 간의 협력증대, ⑥ 길 가장자리에 쓰레기 투기방지, 도로에의 물품 방치 방지, 주민 간의 친밀감의 증진 등 주민 간의 심리적·사회적 유대에 기여했다.[32]

5. 전문적인 침입절도에 의한 방범모델도로의 평가

방범모델도로의 무엇이 범죄자의 범행저지에 크게 효력을 발휘했는가에 대한 가장 적절한 평가를 하려면 방범모델도로 설정지역에서 범

---

32) 清永賢二·伊藤信義, "なぜ防犯モデル道路は成功したか,"(都市防犯研究會 報告 七·完), 警察大學校, 警察學論集, 第41卷 第3號(1988. 3), 135~145쪽.

죄를 저지르려고 했다가 어떤 이유로 범행을 단념한 범죄자에 대한 조사일 것이다. 그러나 이들 잠재적 범죄자에 대한 조사는 실제로 거의 불가능하다. 그래서 주로 침입절도를 여러 차례 반복하여 그것이 직업화한 전문적인 침입절도범[33]에 대한 면접조사에 의해 방범모델도로의 평가결과[34]를 고찰해 보고자 한다.

1) 전문적인 침입절도범의 범죄행동의 원리

넌저 평가자(전문적인 침입도범)에 의해서 진술된 범죄자의 "행동원리"에 대해서 알아보면 지역환경과의 관계에서 다음 세 가지를 열거하고 있다.[35]

---

33) 이 범죄자는 개인주택을 노려 여러 차례 침입절도를 반복하여 그것이 직업화한 소위 전문적인 침입절도였지만 현재는 정당한 직업에 종사하고 있는 협력자였다. 연령은 30대 중반으로 남성이고, 한창 범행 시 연령은 20대 후반에서 30대 초반이었다. 침입한 주택수는 대체로 600호. 검거력은 3회. 범행지역은 전국에 미치고 있지만 주로 관동(關東)이북지방이었다. 경찰관계자에 의해 침입절도에 관해서는 매우 전문적이고 고도의 기술을 지닌 범죄자임이 확인되었다. 학력은 사립대학 경제학부 졸업. 다변. 성격은 명랑하고 노력형으로 본인에 의하면 "정직하고 나는 같은 도둑의 패거리 중에서도 열심히 도둑공부를 했다. 역시 프로에 철저하려고 생각했다"고 한다.

34) 평가내용은 첫째로 지역을 특정시키지 않고 평가자의 "범죄와 지역환경특성과의 일반적 관계성 평가"와 둘째로 아이찌(愛知)현에서 설정된 31개소의 방범모델도로 내이고, 주로 나고야(名古屋)시 守山區의 白澤學區의 방범모델도로를 대상으로 한 "범죄와 방범모델도로 환경과의 특정관계성 평가", 그리고 전문적 침입절도범이 어떻게 평가를 내리는가에 대한 실증방법으로서 그의 발언을 "증언"으로 인용하여 기술하고 있다.

35) 淸永賢二・小出治, "專門的 犯罪者による 防犯モデル道路の環境評價,"(都市防犯研究會報告 三), 警察大學校. 警察學論集, 第40卷 第5號(1987. 5), 95∼98쪽.

(1) 지역에서의 범죄행동에 관계되는 다섯 가지 요소

평가자에 의하면 범죄의 발생과 그 억제에는 소리(音), 빛(光), 색(色), 형(形), 구조(構造)의 다섯 가지 요인이 크게 관계한다고 한다.

소리와 빛은 침입대상물에 사람의 존재를 나타내는 것임과 동시에 다른 사람에게 자기(범죄자)의 존재를 분명하게 하는 것으로서 가장 주의하지 않으면 안 되는 두 가지 요인이다.

색은 그 사용에 따라 범죄자의 범행동기의 환기요인으로서 작용함과 동시에 반대로 너무 기발한 색채의 집이라고 평소부터 주위사람의 관심이 집중되어 있는 경우 거동수상자의 침범이 용이하게 판별되기 때문에 범죄자에게는 범행을 곤란하게 하는 요인이 된다.

형도 색과 같은 의미를 지니지만 색 이상으로 범죄의 발생에 강한 관련이 있다. 예를 들면 건축물의 형상은 침입의 용이함과 비용이함을 단적으로 나타내는 것이고, 그 형상의 선택은 범죄자의 개성이 나타남과 동시에 근본적으로는 공통된 선택기준이 있다. 선택기준을 한마디로 말하면 "사람의 눈이 미치지 않거나 미치기 어려운 공간, 즉 사각을 형상 속에서 찾는다"라고 하는 것이다.

구조도 또한 색(色)·형(形)과 같은 의미를 지니지만 그 범죄에 대한 관계는 형과 색의 중간에 위치하는 것으로 평가자에 의해서 판정된다. 예를 들면 범죄자가 건물 안에 침입할 때 전문적 범죄자일수록 우선 걱정되는 것이 방의 배치이다. 빈틈없게 집안이 칸막이된 구조의 집일수록 범죄자는 싫어한다는 사실이다. 그것은 방 배치가 세분화되어 있을수록 대상물(금품)이 분산되고, 또한 어디에서 가족이 나올지 모른다고 하는 조건 때문이다. 이에 반해서 방의 배치가 크고 하나이면 거기에 대상물이 집중할 가능성이 높아지고 또한 사람의 접근인지가 용이하다고 하는 조건이 형성되어 있다. 이상의 형과 구조에 관해서는 집을 예로 들었지만 도시와 가구의 형상, 구조에 관해서도 그 중요성이 강조된다.

이들 다섯 가지 요인을 범죄관련의 중요성에서 차례로 열거하면 다음과 같은 식이 될 수 있다.

$$音 = 光 \rangle 形 \rangle 構造 \rangle 色$$

(2) 영역성보다도 감시성 쪽이 범죄행동을 강하게 규제한다.

지역환경이 지니는 범죄예방기능으로는 감시성과 영역성 두 가지가 있음을 고찰한 바 있다. 전자는 거동수상자와 익명자의 존재를 주시하거나 또는 존재를 부각시키는 능력이다. 이것에 반해 후자는 여기는 우리 마을이라고 하는 의식을 조성하는 것이고, 다른 사람의 용이한 접근을 억지하려고 하는 능력이다.

평가자는 감시성과 영역성을 촬영해 놓은 사진을 보고 영역성의 일정한 효과도 인정했지만 그것 이상으로 범죄자의 접근저지에 효과를 지니는 것으로서 감시성을 강조했다.

(3) 무엇보다도 도망칠 수 있다고 하는 것이 목표물선택의 기준

평가자에 의하면 범죄자가 범행지를 선택하는 기준은 ㉠ 침범대상(목표물)이 풍부하다, ㉡ 의심받지 않는다(접근용이성), ㉢ 도주가 용이하다(도주용이성), ㉣ 사람에게 발견되지 않는다(발견곤란, 감시성) 등 네 가지 점이다(〈그림 3-1〉 참조).

<h3 style="text-align:center">〈그림 3-1〉 목표물선택의 네 가지 기준</h3>

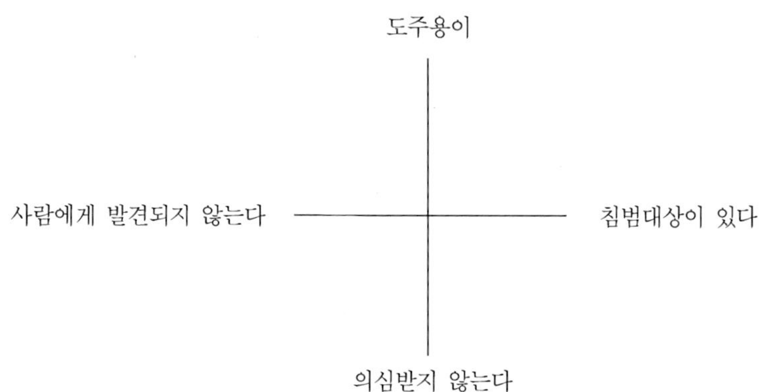

※ 자료: 淸永賢二·小出治, "專門的 犯罪者による防犯モデル道路の環境評價"(都市防犯研究會報告 三), 警察大學校, 警察學論集, 第40卷 第5號(1987. 5), 98쪽.

그리고 경험이 적은 범죄자일수록 ㉠ 한 가지 기준에 질질 끌리지만 프로가 될수록 ㉡의 도주가 용이한가 여부에 중점을 둔다.

2) 지역의 각 단계에 관한 평가

(1) 도시단계에 관한 전문적인 침입절도범의 평가

주거침입절도를 할 때 도시선택조건의 첫째는 그 도시가 부유한가 여부이다. 이 도시선택의 단계에서 먼저 들 수 있는 행동원칙은 도주용이, 사람에게 발견되지 않는다, 의심받지 않는다 등의 조건은 고려되지 않고, 훔칠 만한 것이 있는가 여부에만 집중한다.

① 그 도시 또는 근처에 대기업이 입지하고 있는가

대기업이 입지하고 있는 도시는 당연히 그곳에 취업하는 주민이 많고, 부유한 생활이 영위되므로 주민의 생활은 비교적 규칙적이다. 따라서 피해자의 생활행동의 예측이 쉬워 범죄수행이 용이하다.

평가자에 의하면 이러한 이유로 범죄자는 일본해연안보다도 태평양연안, 특히 도쿄(東京)에서 오사카(大阪)를 잇는 태평양지대에 집중하는 경향이 있다고 한다.

② 대규모 프로젝트가 있는가

설사 대기업이 입지하고 있지 않더라도 대규모 프로젝트가 진행되고 있는 곳에서는 보상금 등으로 큰 돈이 유입되고 있을 가능성이 높다. 그리고 그러한 보상금을 갑자기 받게 되면 돈의 가치에 대한 평가를 제대로 하지 못하는 심리가 생겨 보관 등이 허술해지며, 그에 따라 범행이 용이하다.

③ 대도시 또는 중핵도시인가

중소도시보다도 현청소재지의 도시와 지방중핵도시를 선정한다. 그것은 금품거래가 많고, 동시에 그 곳에서는 여러 사람이 다양한 생활을 하고 있어 유동인구가 많다. 따라서 익명자가 배회하더라도 감시받지 않는다고 하는 이점이 있다.

(2) 지구단계에 관한 전문적인 침입절도범의 평가

범죄자는 범행지인 도시를 앞에서 제시한 기준에 따라 선택한 후 다음 단계로서 범죄를 실행하는 지구를 선택한다. 지구선택 시에는 범죄자가 전문적일수록 반드시 사전조사를 한다고 한다. 사전조사의 방법은 일정한 수법이 없고 범죄자의 개성에 따라 다르며 전문평가자는 다음과 같은 기준으로 지구선택을 하고 있다.

① 중심 시가지인가 교외지인가

중심 시가지인가 교외지인가는 범죄자의 기호에 따라 다르지만 중심 시가지는 건물이 밀집하여 발견되기 쉽고, 또한 시가지의 구조가 복잡하여 도주가 곤란한 점이 많아 회피한다.

② 신흥주택지인가 여부

신흥주택지는 회피한다. 그 이유는 첫째 집을 마련하는 데 진력하여 현금이 없다는 점과 둘째 택지규모가 작고 이웃집과 접해 있어 발견이 용이하다는 점이다.

③ 단지인가 여부

단지도 또한 첫째로 살고 있는 사람이 비교적 젊고 현금이 없다는 점과 둘째로 복수의 시선이 집중하고 있어 발견이 용이하다는 점 등의 이유로 회피한다. 다만 건물구조가 외견상 침범이 어려워 보이더라도 반드시 그렇지만은 않다고 전문적인 침입절도범은 평가한다.

이상과 같은 평가에서 범죄자가 좋아하는 지구 이미지는 시가지 중심부에서 조금 떨어져 지어진 주택지구이고, 그것도 건축된 지 비교적 세월이 경과한 건축물이 일정한 간격을 두고 집합해 있는 교외주택지구라고 할 수 있다.

(3) 가구(街區)단계에 관한 전문적인 주거침입절도범의 평가

도시와 지구를 선택한 범죄자는 다음으로 가옥의 집합체인 가구(block)로 들어간다. 이 단계에서 범죄자는 그 때까지의 단순한 통행자의 행동양식에서 범행실행 직전의 단계로 변화시켜 간다.

이 가구선택에 있어서는 앞의 범죄자의 행동원리에서 제시되었던 목표물선택의 네 가지 원칙(도주용이, 발견곤란, 침범대상이 많이 있다, 의심받지 않는다)이 구체적으로 탐색된다. 그 때 가장 우선하는 것은 앞에서 기술한대로 도주용이라고 하는 원칙이다. 이들 네 가지 원칙 중 침범대상이 많이 있다고 하는 원칙을 제외하고 다시 설명하면 다음과 같다.

① 두주용이

만일 발견되었던 때의 일을 생각해서 차를 둘만한 공간이 있을 것(두더라도 의심받지 않는 것이 중요), 도주로가 단순할 것, 검문에 걸릴 위험성이 낮을 것 등이 우선 중시된다. 이 단계에서 도로의 형상과 크기가 문제가 된다(막다르지 않고, 몇 개의 도로가 교차하고 있는 등).

또한 도주용이(반대로 도주곤란) 중에는 경찰력과 민간방범기능의 충실에 의한 위하를 포함하여 「도범방지 모델지구」 등의 간판만으로도 체포될 위기감을 높여서 범행이 실현되기 어렵다고 평가되었다.

② 발견곤란

주위에서 범행현장이 감시되는 상황은 가장 싫고, 시선이 미치지 않는 사각공간이 많은 가구일수록 좋아한다. 특히 주택끼리 상호 감시할 수 있는 상태로 늘어선 거리는 감시가 심해 침범이 어렵다고 한다.

③ 의심받지 않는다

주민상호가 서로 안면이 있다든지 어머니들이 선 채로 이야기하는 것, 어린 아이들이 거리 모퉁이의 주위 공원에서 놀고 있는 듯한 광경이 보이는 집이 늘어선 거리는 싫어하게 된다. 익명자가 그러한 공간에

들어가는 것은 이질적인 행동이고, 어느 의미에서 그 곳에 사는 사람들이 만들어 내고 있는 영역감을 침범했다고 보여지고 있어 의심받기 때문이다. 반대로 말하면 영역감이 있는 거리조성에 의해서 거동수상자의 익명화를 방지하고, 범죄자의 침입을 미연에 예방할 수도 있다.

(4) 건축물단계에 관한 전문적인 주거침입절도범의 평가

집이 늘어선 거리를 선택한 범죄자는 최종적으로 침범할 집(건축물)을 선정한다. 여기에서도 도주용이, 발견곤란, 침범대상이 많다, 의심받지 않는다고 하는 네 가지 원칙이 작용하지만 동시에 이것에 덧붙여서 범행의 용이함, 가족의 행동파악의 용이함 등의 조건이 있다.

이러한 원칙을 정리하면 범죄자가 특정한 건축물을 앞에 하고 검사하는 다섯 가지 기준의 존재가 떠오른다. 앞의 행동원리에서 기술했던 음(音), 광(光), 색(色), 형(形), 구조(構造)의 다섯 가지 요인이다. 이 다섯 가지 요인을 상황에 맞게 여러 가지로 변화시켜 나가면서 건축물을 검사하고 나서 범죄자는 침범 여부를 최종결정하고 있다. 그 때 범죄자 개개인의 개성이 나오지만 평가자가 가장 강조했던 것은 건축물 안과 그 주변의 소리이고, 다음으로 건축물의 구조였다.

예를 들면 싫어하는 소리는 개소리이고, 또한 건축물 주변에 전면으로 깔아 놓은 자갈의 부딪치는 소리였다.

빛(光))의 경우에는 집 밖의 방범등의 조명, 밤새 켜져 있는 대문 앞의 등이었다.

형(形)에서는 주변과 떨어져서 고립된 건축물은 침입이 쉽고, 밖으로 내민창에서 상호 시선이 던져지는 듯한 건축물은 싫다고 한다.

구조(構造)의 경우 높은 담은 확실히 침입을 예방하는 데 효과가 있

지만 손이 미치는 담이나 또는 옆에 전신주가 있는 담은 방범적인 의미는 없다. 반대로 도로에서의 시선을 차단한다든지 담 위가 침입을 위한 통로가 되어버리는 것, 월담이 가능한 담이 있기 때문에 가족이 부주의·무방비하기 쉬운 것 등도 강조되었다.

끝으로 범죄의 시점에서 지역을 선택할 때의 기준으로서 평가자는 아래 여덟 가지 기준을 제시했다.

① 이웃집이 가까운가, ② 담 등의 가리개가 있는가, ③ 집안으로 접근할 수 있는가, ④ 간선도로, 사람의 왕래가 많은 도로에서 떨어져 있는가, ⑤ 막다르지 않은가, ⑥ 경찰서, 파출소 등이 근처에 없는가, ⑦ 방범지구 등의 간판이 없는가, ⑧ 주민상호간에 유대를 상징하는 간판 등이 없는가 등이다.[36]

제4절 호주의 입법사례[37]

호주는 1980년대 이후 호주 범죄학 연구소를 중심으로 CPTED에 관한 연구를 시행해 왔으며, 그 연구결과를 바탕으로 다수의 지방정부에서 CPTED와 관련한 조례를 제정하거나 정책 및 프로그램을 마련하였다.

특히, 2000년 호주 시드니 올림픽 개최 시 CPTED 개념을 채택하여 올림픽을 성공적으로 추진한 것으로 유명하다. 2000년 올림픽이 개최된 시드니는 올림픽 개최 1년 전인 1999년 CPTED를 사용한 "안전설계"

---

36) 상계논문, 98~104쪽.
37) 경찰청, 전게서, 29쪽.

개념을 모든 건물과 공공시설 설계에 적용하겠다고 하였으며, 2001년 4월에는 「환경설계평가법」을 개정하여 전체 건축설계 허가관청으로 하여금 모든 새로운 개발신청을 평가함에 있어 반드시 범죄위험성을 고려하는 것을 의무화하도록 하였다.

이러한 CPTED 법제화의 영향으로 모든 지역에서는 지방정부와 경찰, 기타 유관기관들 간의 범죄예방을 위한 협의체들이 구성되었고 건축 설계 및 개발 계획 단계에서부터 범죄예방을 고려할 수 있도록 교육, 훈련 및 집행을 하고 있다.

제4장 조사설계와 조사결과의 분석

제1절 조사설계

1. 분석의 틀 및 가설

1) 분석의 틀

범죄발생현상을 구성하는 기본적 요소로서 범죄의 대상(피해자·피해물), 범죄를 범하려고 의식하는 자(범죄자·가해자), 동기, 기회, 수단, 범행장소 등 여러 가지 요인을 들 수 있고, 이중 가해자와 동기, 수단은 범죄자를 설명하는 요인이고, 기회는 범행장소에 포함될 수 있는 것이므로 최종적으로는 범죄의 대상, 가해자, 범행장소의 세 가지로 요약된다.

이처럼 범죄와 그 방지를 고려하는 데는 이들 조건이 서로 얽히는 최악의 방향으로 향하지 않도록 통제하는 유·무형의 구조를 만드는 것이 오늘날의 방범과제이며, 그 구조는 어디까지나 현실적으로 적용 가능한 것이어야 한다. 그런데 범죄는 범죄자의 입장에서 볼 때 검거의 위험이 높고 잠재적 이득은 거의 없을 때 발생하지 않는다고 볼 수 있다. 따라서 물리적 환경의 변화를 통하여 잠재적 범죄자의 입장에서 볼 때 이득에 비해 상대적으로 높은 비용(예를 들면 검거의 위험)이 들게 함으로써 범죄예방을 할 수 있다고 가정할 수 있는 것이다.

그러므로 이 연구에서는 영역성과 감시성 등 환경설계론자들이 범죄예방을 위해 중시한 요인들에 대해서 주거침입절도범들의 주관적 평가를 통해 살펴봄으로써 범죄예방을 위해 특정한 환경설계요인을 상징적으로 조작하면서 다른 조건을 정비해 간다는 측면에서 논의를 전개했다. 이러한 차원에서 범행 시 중시하는 모든 요인들을 찾아내어 측정하는 것이 최선의 방법일 것이나 다양한 변인과 요인들을 모두 고려한다는 것은 그렇게 쉬운 일이 아니다.

그리하여 〈그림 3-1〉에 나타난 바와 같이 일본 방범모델도로에서 전문적인 침입절도범이 목표물을 선택할 때 고려하는 기준으로서 ① 침범대상이 있다, ② 의심받지 않는다, ③ 도주용이, ④ 사람에게 발견되지 않는다 등 네 가지 요인을 중시하고 있었다.

〈그림 4-1〉 목표물선택 시 고려하는 네 가지 요인

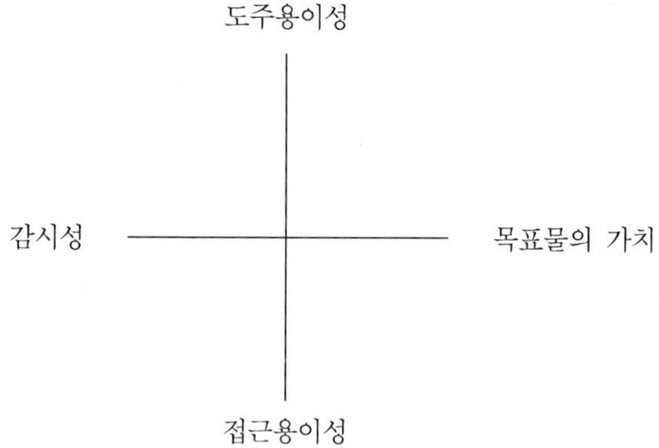

따라서 이 연구에서는 이를 토대로 〈그림 4-1〉과 같이 목표물의 가치, 접근용이성, 도주용이성 및 감시성 등의 요인을 실증조사를 통해 분석해 보기로 하였다. 그리고 이 네 가지 주요 변인에 각각 몇 개의 지표들을 설정해서 범죄예방을 위해 어떠한 환경설계요인이 더 중요한지를 알아봄으로써 정책의 우선순위를 설정할 수도 있다고 본다.

2) 조작적 정의

범행 시 고려하는 환경적인 요인으로는 목표물선택 시 고려하는 요인, 목표물접근 시 고려하는 요인, 도주를 위해 고려하는 요인, 감시를 피하기 위해 고려하는 요인 등이 있다.

이와 같은 주거침입절도의 고려요인들을 분석상의 목적을 위해 다음과 같이 지표를 통해 보다 구체적으로 살펴보도록 할 것이다.

목표물선택 시 고려하는 요인은 ① 목표물의 경제적 가치 ② 범행지역의 생활수준 ③ 목표물처분의 용이성 ④ 목표물의 이용가치 ⑤ 피해자의 저항능력으로 분석한다.

목표물접근 시 고려하는 요인은 ① 대문의 개폐 여부 ② 출입가능한 창문 등의 개폐 여부 ③ 방범초소나 경비초소 유무 ④ 방범견·철책·방범비상벨 등 방범시설의 유무 ⑤ 울타리나 담의 높낮이로 분석한다.

도주를 위해 고려하는 요인은 ① 범행지역 지형지물 숙지정도 ② 범행 후 도주용이성 여부 ③ 범행 후 도주거리 ④ 범행지역 주변의 도피처 유무로 분석한다.

감시를 피하기 위해 고려하는 요인은 ① 주위건물의 점등 여부 ② 이웃감시 여부 ③ 폐쇄회로TV(CCTV)의 설치유무 ④ 범행전후 통행인 유무 ⑤ 범행전후 순찰차량 목격 여부로 분석한다.

범행의 계획성 여부는 범행을 우발적으로 했는지 계획적으로 했는지 여부로 분석한다.

3) 가 설

주거침입절도범의 범죄행위는 여러 가지 요인에 의해 영향을 받는다. 주거침입절도범의 개인적 변인과 이전의 범행특성에 따라 범행 시 고려하는 요인 역시 차이를 보일 것이다. 따라서 이 연구에서는 이러한 여러 요인들을 인구사회학적 변인과 범행의 특성으로 구분하여 몇 가지 가설을 검토해 보고자 하였다.

첫째로 인구·사회학적 변인들에 따라 주거침입절도범은 환경적인 요인, 즉 목표물선택 시 고려하는 요인, 목표물접근 시 고려하는 요인, 도주를 위해 고려하는 요인, 감시를 피하기 위해 고려하는 요인 등을 중시하는 데 차이가 있을 것이다.

1. 연령이 높을수록 목표물선택 시 고려요인을 더욱 중시한다.
2. 교육수준이 높을수록 목표물선택 시 고려요인을 더욱 중시한다.
3. 기혼자가 미혼자보다 목표물선택 시 고려요인을 더욱 중시한다.
4. 연령이 높을수록 목표물접근 시 고려요인을 더욱 중시한다.
5. 교육수준이 높을수록 목표물접근 시 고려요인을 더욱 중시한다.
6. 기혼자가 미혼자보다 목표물접근 시 고려요인을 더욱 중시한다.
7. 연령이 높을수록 도주를 위해 고려하는 요인을 더욱 중시한다.
8. 교육수준이 높을수록 도주를 위해 고려하는 요인을 더욱 중시한다.

9. 기혼자가 미혼자보다 도주를 위해 고려하는 요인을 더욱 중시한다.

10. 연령이 높을수록 감시를 피하기 위해 고려하는 요인을 더욱 중시
한다.

11. 교육수준이 높을수록 감시를 피하기 위해 고려하는 요인을 더욱
중시한다.

12. 기혼자가 감시를 피하기 위해 고려하는 요인을 더욱 중시한다.

둘째로 주거침입절도범의 범행특성에 따라 범행 시 환경적인 요인,
즉 목표물선택 시 고려하는 요인, 목표물접근 시 고려하는 요인, 도주
를 위해 고려하는 요인, 감시를 피하기 위해 고려하는 요인 등을 중시
하는 데 차이가 있을 것이다.

13. 범행경력이 많을수록 목표물선택 시 고려요인을 더욱 중시한다.

14. 공범수가 많을수록 목표물선택 시 고려요인을 더욱 중시한다.

15. 계획범이 우발범보다 목표물선택 시 고려요인을 더욱 중시한다.

16. 범행경력이 많을수록 목표물접근 시 고려요인을 더욱 중시한다.

17. 공범수가 많을수록 목표물접근 시 고려요인을 더욱 중시한다.

18. 계획범이 우발범보다 목표물접근 시 고려요인을 더욱 중시한다.

19. 범행경력이 많을수록 도주를 위해 고려하는 요인을 더욱 중시한다.

20. 공범수가 많을수록 도주를 위해 고려하는 요인을 더욱 중시한다.

21. 계획범이 우발범보다 도주를 위해 고려하는 요인을 더욱 중시한다.

22. 범행경력이 많을수록 감시를 피하기 위해 고려하는 요인을 더욱
중시한다.

23. 공범수가 많을수록 감시를 피하기 위해 고려하는 요인을 더욱 중
시한다.

24. 계획범이 우발범보다 감시를 피하기 위해 고려하는 요인을 더욱
    중시한다.

2. 조사방법

1) 표본추출의 방법

이 연구의 표본추출방법으로는 모집단을 일정한 범주로 나누어 이들
범주에서 정해진 요소수를 작위적으로 추출하는 할당추출(quota-
sampling)방식을 사용하였다.[1] 설문조사는 1994년 5월 2일부터 20일까
지 경인지역 한 개 교도소(S교도소)와 두 개 구치소(S구치소와 I구치
소)에 수감된 주거침입절도범을 대상으로 실시하였다. 자료의 수집을
위해서 각 교도소별로 대졸 이상 학력의 교도관들의 협조를 얻어 이들
에게 조사연구의 목적을 충분히 설명하고 응답의 정확·충실을 도모하
기 위해 수형자와 친밀감(rapport)을 형성한 후 20명씩 집결시켜 설문
에 응할 수 있도록 하였다. 그리고 표본의 대표성을 높이기 위하여 연
령, 범행경력, 공범수, 혼인상태, 학력 등 각 범주별로 고르게 표집하기
위하여 교도관들에게 협조를 구하였다. 설문표본은 총 320부가 배포되
었으나 응답내용이 부실한 10매를 제외한 310부가 최종분석에 사용되
었다.

---

1) 할당추출방식을 사용한 이유는 이 방식이 어떠한 대상자도 표본에 포함시
   킬 수 있는 장점을 지니고 있어 대표성확보에 유리하며 또 시간과 비용의
   절약에도 유리하기 때문이다.

2) 조사도구

이 연구의 조사도구는 설문지로 구성되어 있다.

이 조사도구는 제퍼리(C. Ray Jeffery), 뉴먼(Oscar Newman), 포이너(Barry Poyner), 크로우(Timothy D. Crowe) 등의 환경설계를 통한 범죄예방이론과 관련연구를 기초로 작성되었고, 전문가와의 협의와 실무자들의 조언을 받아 수정·보완된 것이다.

이 연구에서는 응답자의 수인한계와 반응오류를 고려할 때 문항수는 적을수록 좋으므로2) 설문문항을 최대한 줄였으며, 수형자들의 속성상 비구조화된 설문지(개방형)로는 응답의 성실성을 담보하기 힘들다는 실무자들의 그간의 경험을 반영하여 구조화된 설문지(폐쇄형)로 하였다.

설문조사형식은 두 가지 상이한 질문형식을 취하였다.

첫째는 가장 일반적인 형식으로 이 설문이 제시하고 있는 몇 가지 의견 중의 하나를 선택하는 것이다. 이 조사에서 범행의 계획성 여부나 범죄자의 인구사회학적 변인에 관한 의견을 묻는 것이 여기에 속한다.

둘째는 구체적인 설문에 대해 그 의견을 네 단계의 판단기준에 따라 평가하는 방식으로서 범행 시 고려하는 요인에 관한 질문이 여기에 속한다. 이러한 설문지의 방식은 조사대상자의 태도를 측정하기 위하여 설계되었으므로 리커트(Likert)척도를 이용하였다. 리커트(Likert)척도에 의하면 하나의 질문에 대한 응답을 5등분된 척도로 구성하여 "매우 중요하다", "중요한 편이다", "그저 그렇다", "중요하지 않은 편이다", "거의 중요하지 않다"라고 구성되어야 하나 이 연구에서는 "그저 그렇

---

2) 허명회, "설문지·시험지문항의 신뢰성분석," 응용통계연구, 제4권 제1호 (1991), 96쪽.

다"의 항목을 삭제하여 부정확하고 애매한 응답의 가능성을 배제하고 질문에 대한 응답률을 높이고자 하였다.

구체적인 조사도구의 내용은 〈표 4-1〉과 같다.

〈표 4-1〉 조사도구의 구성요소

연구영역	문항의 구성
개별변인	① 연령, ② 학력, ③ 범행경력, ④ 공범수, ⑤ 혼인상태, ⑥ 범행의 계획성 여부.
목표물선택 시 고려하는 요인	① 목표물의 경제적 가치 ② 범행지역의 생활수준 ③ 목표물처분의 용이성 ④ 목표물의 이용가치 ⑤ 피해자의 저항능력
목표물접근 시 고려하는 요인	① 대문의 개폐 여부 ② 출입가능한 창문 등의 개폐 여부 ③ 방범초소나 경비초소 유무 ④ 방범견·철책·방범비상벨 등 방범시설의 유무 ⑤ 울타리나 담의 높낮이
도주를 위해 고려하는 요인	① 범행지역 지형지물 숙지정도 ② 범행 후 도주용이성 여부 ③ 범행 후 도주거리 ④ 범행지역 주변의 도피처 유무
감시를 피하기 위해 고려하는 요인	① 주위건물의 점등 여부 ② 이웃감시 여부 ③ 폐쇄회로TV(CCTV) 설치유무 ④ 범행전후 통행인 유무 ⑤ 범행전후 순찰차량 목격 여부

여기에서 네 가지 기준으로 제시한 것은 다음과 같다.

목표물선택 시 고려하는 요인으로는 목표물의 경제적 가치, 범행지역의 생활수준, 목표물처분의 용이성, 목표물의 이용가치, 피해자의 저항능력 등의 내용을 지표(index)로 사용하였다.

목표물접근 시 고려하는 요인으로는 대문의 개폐 여부, 출입가능한 창문 등의 개폐 여부, 방범초소나 경비초소 유무, 방범견·철책·방범비상벨 등 방범시설의 유무, 울타리나 담의 높낮이 등의 내용을 지표로 사용하였다.

도주를 위해 고려하는 요인으로는 범행지역 지형지물 숙지정도, 범행 후 도주용이성 여부, 범행 후 도주거리, 범행지역 주변의 도피처 유무의 내용을 지표로 사용하였다.

감시를 피하기 위해 고려하는 요인으로는 주위건물의 점등 여부, 이웃감시 여부, 폐쇄회로TV(CCTV)의 설치유무, 범행전후 통행인 유무, 범행전후 순찰차량 목격 여부 등의 내용을 지표로 사용하였다.

그리고 범행 시 고려하는 네 가지 요인에 대한 분석에서 독립변인으로 다음과 같은 변인들을 사용하였다. 첫째, 개인적 특성에 관한 변인으로서 연령, 학력, 혼인상태를 사용하였다. 성별 변인은 여자가 거의 없기 때문에 제외시켰다. 둘째, 범행경력에 관한 변인은 죄종에 관계없이 범죄를 범하여 유죄판결을 받은 회수를 변인으로 사용하였다. 셋째, 범행에 관련된 변인으로서 범행의 계획성 여부와 공범의 수를 포함시켰다.

3. 분석방법

설문지에 응답된 조사자료는 오류자료검토작업(error-checking), 편집(editing)과 부호화작업(coding)을 거쳐 SPSS PC+통계패키지를 이용하여 처리하였다.

각 연구문제의 특성에 따라 다양한 통계분석방법이 이용되었는데 먼저 빈도분석(frequency analysis)을 통하여 변인들의 분포특성을 알아보았다. 두 번째로 교차분석(cross tabulation analysis)을 이용하여 인구사회학적 변인이나 범행특성에 따라 범행 시 고려하는 요인 간에 차이가 있는지를 알아보았다. 이와 같은 교차분석의 독립성검증을 높이기 위해 통제변인을 재부호화(recording)하였다. 예를 들면 범행경력과 범행지역의 생활수준에 대한 고려정도를 알아보기 위한 척도로써 '매우 중요하다', '중요한 편이다', '중요하지 않은 편이다', '거의 중요하지 않다' 등으로 분류측정한 것을 '중요하다', '중요하지 않다' 수준으로 재부호화하였다. 세 번째로 상관관계분석(correlation analysis)을 하여 각 변인 간의 상관관계를 살펴보았다. 네 번째로 로짓회귀분석(logistic regression analysis)을 통하여 각 변인 간의 영향력의 유무와 어느 정도 영향이 미치는지를 살펴보았다. 우선 명목적으로 측정된 변인들을 로짓회귀분석에 이용하기 위해 가변인(dummy variable)으로 만들어서 사용하였다. 그리고 이러한 분석결과를 통하여 가설검증을 시도하였다. 조사결과를 해석함에 있어서 신뢰도 95%를 기준으로 95%를 상회하는 경우($P < 0.05$)에 통계적으로 유의미한 것으로 보았다.

제2절 조사대상자의 일반적 특성

〈표 4-2〉는 조사대상자의 일반적인 특성을 정리해 놓은 것이다.

이 연구에서는 연령, 학력, 범행경력, 공범수, 혼인상태와 범행의 계획성 여부 등을 배경자료로 조사하였는 바 그 구체적인 내용을 항목별로 살펴보면 다음과 같다.

1. 연 령

20~25세가 43.2%로 가장 많고, 31~40세 25.4%, 26~30세 25.1%, 41세 이상 6.3%인 것으로 나타났다. 특징적인 것은 20~30세까지가 68.3%로 상당히 높은 비율을 차지하고 있다는 점이다. 이는 주거침입절도가 주로 20~30세의 연령층에 의해 많이 범해지는 것은 이들이 사회초년생으로서 사회생활에서 낙오하여 필요한 자금을 구하기 위해 범행한 것이라고 생각된다.

이를 공식통계에 나타난 수치와 비교해 보면 1992년에 검거된 절도범 43,431명의 연령별 분포는 14세 이상 20세 미만이 22,829명으로 52.6%를 차지하고 있다. 이 가운데 20세 이상의 연령별 분포를 살펴보면 전체 20,602명 중 20~25세 6,948명(33.7%), 31~40세 5,496명(26.7%), 26~30세 4,146명(20.1%), 41세 이상 4,012명(19.5%)의 순으로 되어 있다.[3] 따라서 일반절도범과 이 연구의 표본인 주거침입절도범의 연령별 분포는 약간의 차이를 보이고 있다.

---

3) 경찰청, 경찰통계연보, 제36호(1993), 144~145쪽.

공식적인 통계에서 가장 많은 빈도를 보이고 있는 14세 이상 20세 미만의 연령층이 제외된 것은 이 연구가 20세 이상자가 수용되어 있는 성인교정시설의 성인범만을 조사대상자로 했기 때문이다.

2. 학 력

우리 사회에서 교육은 개인의 지위성취과정에서 매우 중요한 역할을 한다. 개인의 교육수준은 부모의 사회적 배경(부모의 자산, 교육정도, 자식에 대한 기대)을 반영하기도 하며, 개인의 성취능력을 나타내기도 한다. 또한 교육수준은 개인의 사회에 대한 적응능력을 보여주는 것이기도 하다. 따라서 교육수준은 직업, 소득, 사회계층과 매우 밀접한 관계가 있다. 이러한 견해에서 교육수준이 높을수록 범죄자가 될 가능성이 낮아진다고 가정할 수 있다.

그러나 조사대상자의 학력별 분포를 보면 고등학교 입학 이상 고등학교 졸업 이하가 가장 많은 42.6%의 비율을 보이고, 중학교 입학 이상 중학교 졸업 이하 31.3%, 초등학교 입학 이상 초등학교 졸업 이하 13.9%, 대학입학 이상 7.7%, 무학 4.5%의 순으로 되어 있다. 무학과 초등학교 졸업을 포함한 중졸 이하의 낮은 학력을 가진 주거침입절도범이 49.7%의 비율로 나타났으며 고등학교입학 이상의 학력이 높은 자도 50.3%로 나타나 거의 비슷한 분포를 보이고 있다.

3. 범행경력

조사대상자의 범행경력별 분포는 초범이 56.4%로 가장 높은 비율을 보이고 있고, 2범 23.3%, 3범 11.1%, 4범 이상 9.2%의 순으로 나타났다.

4. 공범수

조사대상자의 공범수별 분포를 보면 단독범이 57.6%의 비율을 보이고, 2명 17.8%, 4명 이상 12.9%, 3명 11.7%의 순으로 단독범이 가장 높은 비율을 보이나 2명 이상 공범이 있는 정우노 42.4%로 높은 비율을 보이고 있다.

주거침입절도범의 공범 여부에 대한 분석에서 알 수 있는 것은 주거침입절도도 집단화현상이 높다는 점이다.[4]

5. 혼인상태

조사대상자의 혼인상태별 분포를 보면 미혼이 전체의 2/3 이상인 68.9%로 가장 많고, 결혼 20.1%, 이혼 8.1%, 사별 2.9%의 순으로 나타났다. 이러한 분포는 25세 이하의 연령이 상대적으로 많이 표집(sampling)되었기 때문에 기혼자가 상대적으로 적게 분포한 것으로 보인다. 특히, 이혼이 8.1%로 전체 기혼자에서 차지하는 비율이 높은데 이러한 현상은 범죄자들이 가정생활이나 사회생활에 적응하는 데 어려

---

4) 심영희 교수의 조사에서는 일회적인 유형의 절도는 상습적인 절도에 비해서 단독으로 범행을 수행하였다는 비율이 높은 데 비해 응답자의 84.4%가 공범관계를 형성하고 있는 것으로 나타나 범죄행위가 전문화될수록 집단화의 가능성이 높다고 지적하고 있다. 심영희 외, "강·절도범죄의 실태에 관한 연구."(연구보고서 90-26), 1992, 77~78쪽.

움이 많음을 잘 나타낸 것으로 보인다.

6. 범행의 계획성 여부

주거침입절도범의 범행의 계획성 여부를 살펴보면 응답자의 63.9%가 완전히 우발적으로 범행을 저질렀다고 응답하였다. 반면에 철저하게 계획적이었다고 응답한 자는 7.2%이고, 계획적인 면이 있었던 자까지 포함하면 36.2%에 달한다.

그런데 1992년에 검거된 절도범의 범죄원인을 살펴보면 검거인원 43,431명 중 38.7%인 16,788명만 우연히 범행을 저지른 것으로 나타나 주거침입절도범의 실제 응답결과와는 차이를 보이고 있다.[5] 이것은 첫째 표집(sampling)상의 문제로 우발범이 계획범에 비해 과도하게 표집되었을 수 있고, 둘째 응답의 신뢰성의 문제로 응답자가 특수한 이유로 솔직한 대답을 꺼리는 경우 등이 그 원인이라고 생각된다.[6]

---

[5] 경찰청, 전게통계연보, 134~135쪽.

[6] 범행의 계획성 여부와 계획의 내용에 관한 사항은 형기의 결정에 중대한 영향을 미치는 요소이고, 또 재소자들이 그러한 사실을 모를 리 없다는 것을 상기하면 비록 형이 확정된 상태라고 하더라도 재소자들의 응답결과를 가지고 범행의 계획성 여부를 논하는 것이 부적절한 듯 여겨지기도 한다. 그러나 수사 및 재판기록을 통해서 확인해 보아도 범행의 예비·음모관계가 명확히 규정된 경우가 드물고, 그 밖에 달리 그 여부를 확인할 방법이 없는 상황에서는 설문조사결과도 자료로서의 가치를 지닐 수 있다고 본다.

〈표 4-2〉 조사대상자의 일반적 특성

변인명	구 분	빈도(%)
연 령	20~25세	131(43.2)
	26~30세	76(25.1)
	31~40세	77(25.4)
	41세 이상	19(6.3)
	계	303(100.0)
학 력	무 학	14(4.5)
	초 졸 이 하	43(13.9)
	중 졸 이 하	97(31.3)
	고 졸 이 하	132(42.6)
	대학입학 이상	24(7.7)
	계	310(100.0)
범행경력	초 범	172(56.4)
	2 범	71(23.3)
	3 범	34(11.1)
	4범 이 상	28(9.2)
	계	305(100.0)
공 범 수	1 명	178(57.6)
	2 명	55(17.8)
	3 명	36(11.7)
	4명 이 상	40(12.9)
	계	309(100.0)
혼인상태	미 혼	213(68.9)
	결 혼	62(20.1)
	이 혼	25(8.1)
	사 별	9(2.9)
	계	309(100.0)
범행의 계획성 여부	완전히 우발적	196(63.9)
	우발적이며 계획적	89(29.0)
	철저히 계획적	22(7.2)
	계	307(100.0)

제3절 범행 시 중시하는 요인

주거침입절도범이 범행 시 고려하는 목표물의 가치, 접근용이성, 도주용이성, 감시성 등 네 가지 요인의 중요도에 대한 빈도분포는 〈표 4-3〉과 같다.

〈표 4-3〉 범행 시 가장 중시하는 요인

구 분	빈 도(%)
목표물의 가치	47(15.6)
쉽게 접근할 수 있는 곳(접근용이성)	95(31.5)
도망가기 쉬운 곳(도주용이성)	61(20.2)
감시받지 않는 곳(감시성)	99(32.8)
계	302(100.0)

응답자 302명 가운데 32.8%인 99명이 범행 시 감시받지 않는 곳을 선택하고, 31.5%인 95명이 쉽게 접근할 수 있는 곳을 선택한다고 응답하여 주거침입절도범들 중 대다수(64.3%)가 범행 시 목표물의 가치나 도주용이성보다 감시성이나 접근용이성을 상대적으로 더 중시하는 것으로 나타났다.

이는 스카(Scarr)의 지적[7] 처럼 〈표 4-2〉에서 우발적인 주거침입절도

---

7) 스카(Scarr)는 아마추어적인 침입절도(amateur burglary)들은 얼마나 쉽고 용이하게 남의 재물을 훔칠 수 있느냐 하는 점이 그 훔친 재물이 얼마나 값나가는 것이냐 하는 것보다 더욱더 목표물선택에 중요하게 작용하기 때문에 주로 친구나 자기 집 근처의 아는 사람들의 주택을 주된 범행대상으로 삼는

범이 63.9%로 계획적인 주거침입절도범보다 많이 표집되어 접근용이성을 중시하는 것으로 보인다.

한편 수도권 K시를 대상으로 1년간 발생한 모든 범죄에 대하여 범죄사건부 및 의견서철을 참고로 공동주거단지의 건물 내부공간에서 발생한 절도만을 대상으로 하여 세대의 위치에 따른 범죄발생건수를 조사한 결과 주동의 양끝에 위치한 세대에서 범죄가 가장 많이 발생한 것으로 나타났다.[8] 이는 주동의 끝부분이 중앙보다는 침입 시에 사람들에게 목격될 위험이 적고 도주가 용이한 때문이라고 여겨진다. 또한 공동주택의 경우 주동입구별 경비형식인 경우에는 상대적으로 범죄발생률이 낮게 나타난 것[9]은 접근이 어렵고 감시가 잘 되기 때문으로 보여진다. 그리고 환경설계론자들이 감시성을 중시하고 있는 것이나 일본의 방범모델도로와 영국의 커크홀트(Kirkholt)단지의 연구에서 범죄자들이 감시받지 않고 접근이 양호한 주택가를 범행대상으로 삼고 있는 것과 일치한다.

1. 목표물선택 시 고려하는 요인과 중요도

주거침입절도범이 목표물선택 시 고려하는 각각의 세부 지표들에는

경향이 있다고 한다. H. A. Scarr, *Patterns of Burglary*(Washington, D.C.: National Institute of Law Enforcement and Criminal Justice, 1972), 심영희 외, 전게연구보고서, 61쪽에서 재인용.

8) 임승빈·박창석, "범죄예방을 위한 주거단지 설계기준에 관한 연구 : 도시권의 K시를 대상으로," 대한건축학회, 대한건축학회논문집, 통권 제48호(1992. 10), 56쪽, 59쪽.

9) 상계논문, 57쪽.

목표물의 경제적 가치, 범행지역의 생활수준, 목표물처분의 용이성, 목
표물의 이용가치, 피해자의 저항능력으로 나누어 볼 수 있으며 이에 대
한 빈도분포는 〈표 4-4〉와 같다.

〈표 4-4〉 목표물선택 시 고려요인과 중요도

단위: 명(%)

구 분 중요도	목표물의 경제적 가치	범행지역의 생활수준	목표물처분의 용이성	목표물의 이용가치	피해자의 저항능력
매우 중요하다	78(25.2)	54(17.6)	78(25.2)	68(21.9)	71(23.1)
중요한 편이다	109(35.2)	86(28.0)	105(33.9)	96(31.0)	92(30.0)
중요하지 않은 편이다	60(19.4)	86(28.0)	64(20.6)	93(30.0)	75(24.4)
거의 중요하지 않다	63(20.3)	81(26.4)	63(20.3)	53(17.1)	69(22.5)
계	310(100.0)	307(100.0)	310(100.0)	310(100.0)	307(100.0)

〈표 4-4〉에 따르면 주거침입절도범이 범행 시 목표물의 경제적 가치
와 목표물처분의 용이성을 다소 중요한 것으로 고려하여 목표물을 선
택하고 있는 것으로 나타났다. 특히 목표물선택 시 범행지역의 생활수
준을 고려하는 것에 대해서는 '중요하다'가 45.6%, '중요하지 않다'가
54.4%로 오히려 중요하지 않는 것으로 나타났다. 그러나 목표물의 경
제적 가치에 대한 중요도에서는 '중요하다'가 60.4%, '중요하지 않다'가
39.7%로 나타나 다른 요인보다 상대적으로 더 중시하고 있고, 목표물
처분의 용이성에 대한 중요도에서는 '중요하다'가 59.1%, '중요하지 않
다'가 40.9%로 비교적 중시하고 있는 것으로 나타났다. 한편 목표물의
이용가치와 피해자의 저항능력에 있어서는 '중요하다'가 각각 52.9%,
53.1%로 '중요하다'와 '중요하지 않다'가 거의 비슷한 분포로 나타났다.

이와 같은 결과를 토대로 다음과 같은 가정을 할 수 있다. 즉 우리나라의 경우 개인이 소지하고 다니거나 집에 보관하는 현금이 서구국가들에 비해 현저히 높은 것은 잘 알려진 사실이다.[10] 특히 혼인, 생일 또는 회갑 등의 행사에 당사자들의 경제형편을 넘는 고가 장신구 등이 거의 필수적 선물로 인식되어 있기 때문에 경제적 형편이 비교적 어려운 집이라도 한두 가지의 고가품이 있는 것이 보통이다. 따라서 주거침입절도범들은 부촌 또는 빈촌 어디라도 자신들이 목적하고자 하는 현금 또는 재물이 존재하고 있으며, 절취한 재물의 이용가치에 대한 고려라든가 피해자의 저항에 대한 고려보다는 경제적 가치와 목표물처분의 용이성을 중요하게 생각하고 있는 경우가 많다는 것이다.

다음은 각 개별변인과 목표물선택과의 교차분석[11]을 통하여 그 분포를 살펴보았다.

1) 연령과 목표물선택 시 고려요인의 중요도

연령과 목표물선택 시 고려요인의 중요도에 대한 교차분석의 결과는 〈표 4-5〉와 같다.

---

10) 신현주, "민생치안범죄규제의 전략과 이론."(연구보고서 89-07), 한국형사정책연구원, 1990, 66쪽.

11) 교차분석을 하는 데 있어서 빈도분포를 고려하여 다음과 같이 변인을 재부호화(recoding)하였다. 연령에서는 20~25세를 1로 하고, 26~30세, 31~40세, 41세 이상은 2로 하였다. 학력에서는 무학, 국졸 이하, 중졸 이하는 1로 하고, 고졸 이하와 대학입학 이상은 2로 하였다. 범행경력에서는 초범을 1로 하고, 2범, 3범, 4범 이상을 2로 하였다. 공범수에서는 1명을 1로 하고, 2명, 3명, 4명 이상은 2로 하였다. 그리고 혼인상태에서는 미혼을 1로 하고, 결혼, 이혼, 사별은 2로 하였다. 이하의 모든 교차분석에서 동일하게 변인을 재부호화하였다.

<표 4-5> 연령과 목표물선택 시 고려요인의 중요도

단위: 명(%)

구 분	중요도	20세~25세 이하	26세 이상	계	비 고
목표물 처분의 용이성	중요하다	70(53.4)	110(64.0)	180(59.4)	
	중요하지 않다	61(46.6)	62(36.0)	123(40.6)	
	계	131(100.0)	172(100.0)	303(100.0)	
피해자의 저항능력	중요하다	58(44.3)	102(60.4)	160(53.3)	$X^2=7.67$ 자유도=1 P<.01
	중요하지 않다	73(55.7)	67(39.6)	140(46.7)	
	계	131(100.0)	169(100.0)	300(100.0)	

일반적으로 범행을 용이하게 하기 위하여 여성, 노년층 및 육체적 힘이 약한 자 등 강하게 저항하지 못하는 피해자만 있는 집을 선택한다고 가정할 수 있는데 실증조사결과를 보면 <표 4-5>와 같이 연령이 높을수록 피해자의 저항능력을 고려하는 것으로 나타났으며, 이러한 결과는 P<.01의 수준에서 통계적으로도 유의미한 차이를 보이고 있다. 연령이 20~25세 이하인 경우에는 피해자의 저항능력을 덜 중시하는 것으로 나타났다. 이는 일반적으로 저연령층 범죄자들의 흉악범죄율이 높은 것과도 일치하는 것으로 해석된다.

목표물처분의 용이성을 보면 연령이 높을수록 중요한 것으로 생각하고 있다. 즉, 20~25세는 목표물처분의 용이성을 중요하다고 생각하는 경우가 53.4%이며, 26세 이상은 64.0%로 나타났다. 하지만 통계적으로 유의미한 차이는 없는 것으로 나타났다.

표로 제시되지는 않았으나 연령과 목표물선택 시 고려요인의 중요도에서 목표물의 경제적 가치, 범행지역의 생활수준, 목표물의 이용가치는 거의 차이가 없는 것으로 나타났다.

2) 학력과 목표물선택 시 고려요인의 중요도

〈표 4-6〉 학력과 피해자의 저항능력에 대한 고려정도

단위: 명(%)

학 력 피해자의 저항능력	중졸 이하	고입 이상	계
중요하다	70(45.8)	93(60.4)	163(53.1)
중요하지 않다	83(54.2)	61(39.6)	144(46.9)
계	153(100.0)	154(100.0)	307(100.0)

$(X^2=6.61$ 자유도$=1$ P$<.05)$

　　학력과 피해자의 저항능력에 대한 고려정도와의 관계를 보면 〈표 4-6〉에서와 같이 고등학교 입학 이상의 학력이 높은 범죄자일수록 저항능력이 적은 피해자를 선택하고 있다. 반면에 중졸 이하의 학력이 낮은 범죄자일수록 피해자의 저항능력을 덜 중시하는 것으로 나타났으며, 이러한 결과는 P$<.05$의 수준에서 통계적으로도 유의미한 차이를 보이고 있다.

　　표로 제시되지는 않았으나 학력과 목표물선택 시 고려요인의 중요도에서 목표물의 경제적 가치, 범행지역의 생활수준, 목표물처분의 용이성, 목표물의 이용가치는 거의 차이가 없는 것으로 나타났다.

3) 범행경력과 목표물선택 시 고려요인의 중요도

범행경력과 목표물의 경제적 가치, 범행지역의 생활수준, 목표물처분

의 용이성, 목표물의 이용가치, 피해자의 저항능력 등과의 관계에서는 목표물의 경제적 가치와 범행지역의 생활수준에서 유의미한 차이가 나타났다.

〈표 4-7〉 범행경력과 목표물선택 시 고려요인의 중요도

단위:명(%)

구 분 \ 중 요 도	범행 경력	초 범	2범 이상	계	비 고
목표물의 경제적 가치	중요하다	92(53.5)	93(69.9)	185(60.7)	X^2=8.50 자유도=1 P<.01
	중요하지 않다	80(46.5)	40(30.1)	120(39.3)	
	계	172(100.0)	133(100.0)	305(100.0)	
범행지역의 생활수준	중요하다	67(39.0)	70(53.8)	137(45.4)	X^2=6.63 자유도=1 P<.05
	중요하지 않다	105(61.0)	60(46.2)	165(54.6)	
	계	172(100.0)	130(100.0)	302(100.0)	

〈표 4-7〉에서 보는 바와 같이 목표물의 경제적 가치를 중시하는 것이 초범은 53.5%, 2범 이상은 69.9%로 나타나 2범 이상의 재범자일수록 초범에 비해 목표물의 경제적 가치를 중시하고 있다는 것을 알 수 있다. 이는 일본의 전문적인 침입절도범들이 다른 요인들보다 도주용이성을 중시하는 것[12)]과 대비되는데 이는 우리나라와의 문화적인 차이나 주민들의 방범의식의 차이에 기인하는 것으로 생각된다.

그리고 범행지역의 생활수준을 고려하는 데 있어서도 초범은 39.0%

---

12) 淸永賢二・小出治, "專門的 犯罪者による防犯モデル道路の環境評價,"(都市防犯研究會報告 三), 警察大學校, 警察學論集, 第40卷 第5號(1987. 5), 101~102쪽.

만이 중요하다고 생각하는 데 반해 2범 이상 재범자는 중요하다고 생각하는 비율이 53.8%로 나타나 범행경력에 따라 범행지역의 생활수준을 고려하는 것에 있어 차이를 나타내고 있으며, 이것은 또한 P<.05의 수준에서 통계적으로도 유의미한 차이를 보여주고 있다.

이와 같은 사실은 브랜팅햄 등(Brantingham and Brantingham)의 연구에서 절도의 경력이 많은 범인은 절도의 경력이 적은 범인보다 훨씬 환경적 특성에 민감하다는 조사결과와도 일치한다.[13] 즉, 절두에 관힌 깅험적 지식이 쌓일 경우 절도범은 좋은 목표물이 어떠한 환경적 특성을 가지고 있는지 배우게 되며, 따라서 경력이 많은 절도범일수록 목표물선택 시 환경적 특성을 고려하는 것으로 추정된다.

표로 제시되지는 않았으나 범행경력과 목표물선택 시 고려요인의 중요도에서 목표물처분의 용이성, 목표물의 이용가치, 피해자의 저항능력은 거의 차이가 없는 것으로 나타났다.

4) 공범수와 목표물선택 시 고려요인의 중요도

공범수와 목표물의 경제적 가치, 범행지역의 생활수준, 목표물처분의 용이성, 목표물의 이용가치, 피해자의 저항능력 등과의 관계에서는 목표물의 경제적 가치와 범행지역의 생활수준에서 유의미한 차이가 있었다.

〈표 4-8〉에서 보는 것과 같이 공범수가 1명인 경우 53.9%가 목표물

---

13) P. J. Brantingham and P. L. Brantingham, "A Theoretical Model of Crime Site Selection," in Kyung-Hoon Lee, "Community and Burglary in the Urban Residential Street Block: An Environmental Analysis," *Ph D. Dissertation*, The University of Wisconsin-Milwaukee, 1992. 8. p. 66에서 재인용.

의 경제적 가치가 중요한 것으로 고려하는 반면 2명 이상 공범이 있는 경우에는 69.5%가 중요한 것으로 고려하고 있어 단독범보다는 공범이 있을 때 목표물의 경제적 가치를 더 고려하고 있는 것으로 나타났으며, 이것은 또한 P<.01의 수준에서 통계적으로도 유의미한 차이를 보여주고 있다.

또한 단독범인 경우에는 40.3%가 범행지역의 생활수준을 중요하다고 고려하는 것으로 나타났으나 2명 이상의 공범이 있을 경우에는 53.1%가 중요한 것으로 고려하고 있으며, P<.05의 수준에서 통계적으로 유의미한 차이를 보이고 있다.

〈표 4-8〉 공범수와 목표물선택 시 고려요인의 중요도

단위: 명(%)

구 분	중요도	1 명	2명 이상	계	비 고
목표물의 경제적 가치	중요하다	96(53.9)	91(69.5)	187(60.5)	X^2=7.63 자유도=1 P<.01
	중요하지 않다	82(46.1)	40(30.5)	122(39.5)	
	계	178(100.0)	131(100.0)	309(100.0)	
범행지역의 생활수준	중요하다	71(40.3)	69(53.1)	140(45.8)	X^2=4.89 자유도=1 P<.05
	중요하지 않다	105(59.7)	61(46.9)	166(54.2)	
	계	176(100.0)	130(100.0)	306(100.0)	

이러한 분석결과는 집단적인 절도범일수록 범행대상지를 선택할 때 공범들 간에 절취물을 분담할 수 있을 정도로 값어치 있는 목표물을 중시하고 있음을 시사해 주는 것이다.

표로 제시되지는 않았으나 공범수와 목표물선택 시 고려요인의 중요

도에서 목표물처분의 용이성, 목표물의 이용가치, 피해자의 저항능력은 거의 차이가 없는 것으로 나타났다.

5) 혼인상태와 목표물선택 시 고려요인의 중요도

혼인상태와 목표물의 경제적 가치, 범행지역의 생활수준, 목표물처분의 용이성, 목표물의 이용가치, 피해자의 저항능력 등과의 관계에서는 〈표 4-9〉에서와 같이 모두 유의미한 차이가 있는 것으로 나타났다.

〈표 4-9〉 혼인상태와 목표물선택 시 고려요인의 중요도

단위: 명(%)

구 분	혼인상태 중 요 도	미혼자	기혼자	계	비 고
목표물의 경제적 가치	중요하다	121(56.8)	66(68.8)	187(60.5)	$X^2=3.95$ 자유도=1 P<.05
	중요하지 않다	92(43.2)	30(31.3)	122(39.5)	
	계	213(100.0)	96(100.0)	309(100.0)	
범행지역의 생활수준	중요하다	88(41.5)	52(55.3)	140(45.8)	$X^2=5.01$ 자유도=1 P<.05
	중요하지 않다	124(58.5)	42(44.7)	166(54.2)	
	계	212(100.0)	94(100.0)	306(100.0)	
목표물처분의 용이성	중요하다	113(53.1)	70(72.9)	183(59.2)	$X^2=10.82$ 자유도=1 P<.05
	중요하지 않다	100(46.9)	26(27.1)	126(40.8)	
	계	213(100.0)	96(100.0)	309(100.0)	
피해자의 저항능력	중요하다	100(47.6)	62(64.6)	162(52.9)	$X^2=7.62$ 자유도=1 P<.01
	중요하지 않다	110(52.4)	34(35.4)	144(47.1)	
	계	210(100.0)	96(100.0)	306(100.0)	

기혼자의 68.8%, 미혼자의 56.8%가 목표물의 경제적 가치를 더 중요

하게 생각하는 것으로 나타났다. 이것은 기혼자가 미혼자보다 경제적인 것을 더욱 추구한다고 할 수 있는데, 이는 기혼자는 가족부양의 의무가 있기 때문인 것으로 생각된다.

또한 범행지역의 생활수준에 있어서도 미혼자와 기혼자 사이에 차이가 있는 것으로 나타났다. 이것은 기혼자가 미혼자보다 경제적인 것을 더욱 추구한다는 분석과도 일치하는 결과이다. 즉, 기혼자의 경우 미혼자보다 경제적인 이유로 범행을 하기 때문에 범행지역의 생활수준이 중요한 것으로 생각하지만 미혼자의 경우 경제적인 것 이외의 이유로 범행을 하는 경향이 있기 때문에 범행지역의 생활수준은 덜 중요하다고 생각하는 것으로 나타났다.

목표물처분의 용이성에서는 미혼자와 기혼자의 차이가 더욱 구별됨을 알 수 있다. 즉, 미혼자는 목표물처분의 용이성을 중요하다고 생각하는 경우가 53.1%, 기혼자는 72.9%로 기혼자가 미혼자보다 목표물처분의 용이성을 더 고려하는 것을 알 수 있다. 이것은 앞에서 분석한 것과 마찬가지로 기혼자는 미혼자보다 경제적인 가치가 있는 목표물을 선택하기 때문에 사전에 미리 처분이 용이한 목표물을 계획적으로 선택하고 있다고 여겨진다.

혼인상태와 피해자의 저항능력의 고려정도를 보면 미혼자는 '중요하다'가 47.6%, 기혼자는 64.6%로 기혼자가 미혼자보다 피해자의 저항능력을 더욱 고려하는 것으로 나타났다. 이러한 결과는 앞에서 분석한 결과, 즉 기혼자가 경제적인 목적으로 범행을 하며 사전에 처분이 용이한 목표물을 선택한다는 것과 일치하는 결과이다.

이상의 분석에서 본 바와 같이 혼인상태와 목표물선택 시 고려요인의 중요도에서는 미혼자보다 기혼자일수록 목표물의 경제적 가치, 범행지역의 생활수준, 목표물처분의 용이성, 목표물의 이용가치와 피해자의 저항 능력을 더 중시하고 있음을 알 수 있다. 그렇지만 이러한 차이는 미혼과 결혼의 차이가 연령 차이에 의한 것일 수도 있음에 유의하여야 한다.

표로 제시되지는 않았으나 혼인상태와 목표물선택 시 고려요인의 중 요도에서 목표물의 이용가치는 거의 차이가 없는 것으로 나타났다.

6) 범행의 계획성 여부와 목표물선택 시 고려요인의 중요도

범행의 계획성 여부와 목표물의 경제적 가치, 범행지역의 생활수준, 목표물처분의 용이성, 목표물의 이용가치와 피해자의 저항능력 등과의 관계를 살펴본 결과 〈표 4-10〉에서와 같이 피해자의 저항능력을 제외 한 네 가지 요인에서 유의미한 차이가 있었다.

〈표 4-10〉 범행의 계획성 여부와 목표물선택 시 고려요인의 중요도

단위: 명(%)

구 분 \ 범행의 계획성 여부 / 중요도	우발적	계획적	계	비 고
목표물의 경제적 가치 / 중요하다	106(54.1)	79(71.2)	185(60.3)	X^2=8.65
목표물의 경제적 가치 / 중요하지 않다	90(45.9)	32(28.8)	122(39.7)	자유도=1
목표물의 경제적 가치 / 계	196(100.0)	111(100.0)	307(100.0)	P<.01
범행지역의 생활수준 / 중요하다	75(38.7)	62(56.4)	137(45.1)	X^2=8.89
범행지역의 생활수준 / 중요하지 않다	119(61.3)	48(43.6)	167(54.9)	자유도=1
범행지역의 생활수준 / 계	194(100.0)	110(100.0)	304(100.0)	P<.01
목표물처분의 용이성 / 중요하다	106(54.1)	74(66.7)	180(58.6)	X^2=4.63
목표물처분의 용이성 / 중요하지 않다	90(45.9)	37(33.3)	127(41.4)	자유도=1
목표물처분의 용이성 / 계	196(100.0)	111(100.0)	307(100.0)	P<.05
목표물의 이용가치 / 중요하다	94(48.0)	67(60.4)	161(52.4)	X^2=4.37
목표물의 이용가치 / 중요하지 않다	102(52.0)	44(39.6)	146(47.6)	자유도=1
목표물의 이용가치 / 계	196(100.0)	111(100.0)	307(100.0)	P<.05

우선 목표물의 경제적 가치의 중요도에서는 우발범은 ‘중요하다’가 54.1%, 계획범은 ‘중요하다’가 71.2%로 우발범보다 계획범이 목표물의 경제적 가치를 더욱 중요하게 고려하고 있는 것으로 나타났다. 이는 목표물의 경제적 가치가 계획범에게는 상대적으로 중요한 고려요인이 되고 있음을 알 수 있다.

둘째로 범행지역의 생활수준에서는 우발범은 ‘중요하다’가 38.7%로 중요하지 않게 고려하는 비율이 더 크지만 계획범은 56.4%가 범행지역의 생활수준을 고려하고 있어 우발범과 계획범 사이에 차이가 나타나고 있다. 우발범의 경우 목표물을 선택하는 데 있어서 범행지역의 생활수준을 가장 중시하지 않는 고려요인임을 알 수 있다.

다음으로 범행의 계획성 여부와 목표물처분의 용이성을 보면 우발범의 54.1%가 중요한 것으로 고려하고 있는 데 반해 계획범은 66.7%가 중요하다고 고려하고 있어 목표물처분의 용이성에서도 유의미한 차이를 보이고 있다.

마지막으로 범행의 계획성 여부와 목표물의 이용가치를 보면 우발범은 ‘중요하다’가 48.0%로 별로 중요하게 생각하지 않는 반면에 계획범은 60.4%가 중요한 요인으로 고려하는 것으로 나타났다.

위에서 제시된 이러한 차이는 목표물선택 시 다섯 가지 고려요인 가운데 네 가지 고려요인에서 범행의 계획성 여부에 따라 유의미한 차이를 보이는데 이것은 계획범이 우발범보다 범행 시 다른 요인보다도 목표물선택 시 고려하는 요인을 중시하고 있음을 알 수 있다.

표로 제시되지는 않았으나 범행의 계획성 여부와 피해자의 저항능력은 거의 차이가 없으며 통계적으로도 유의미한 차이가 없는 것으로 나타났다.

따라서 목표물선택의 중요도에 대한 빈도분석이나 각 변인 간의 관계를 요약하면 목표물선택 시 고려요인 중에서 목표물의 경제적 가치와 목표물처분의 용이성이 비교적 중요한 요인으로 고려하고 있음을 알 수 있다. 연령과 목표물선택 시 고려요인의 중요도는 26세 이상의 연령에서 목표물처분의 용이성과 피해자의 저항능력을 중요하게 고려하고 있으며, 학력별로는 학력이 높은 범죄자, 즉 고입 이하 학력의 주거침입절도범이 피해자의 저항능력을 중요하게 고려하고 있는 것으로 나타났다. 범행경력별로는 2범 이상의 재범자가 목표물의 경제적 가치와 범행지역의 생활수준을 초범보다 중시하고 있으며, 공범수에 따라서는 단독범보다 2명 이상의 공범이 있을 경우 범행경력과 마찬가지로 목표물의 경제적 가치와 범행지역의 생활수준을 중시하고 있는 것으로 나타났다. 혼인상태에 따른 목표물선택 시 고려요인으로는 목표물의 경제적 가치, 범행지역의 생활수준, 목표물처분의 용이성, 피해자의 저항능력에서 미혼자보다 기혼자가 더욱 중시하고 있는 것으로 나타났다. 그리고 범행의 계획성 여부와 목표물선택 시 고려요인의 중요도에서는 계획범이 우발범보다 목표물의 경제적 가치, 범행지역의 생활수준, 목표물처분의 용이성 및 목표물의 이용가치를 더욱 고려하는 것으로 나타났다.

이상에서 교차분석을 통해 어떤 주거침입절도범이 목표물선택 시 어떤 요인을 중요하게 고려하고 있는지를 알아보았다. 그러나 독립변인들 간에 관계가 있을 수 있기 때문에 교차분석은 제3의 변인의 작용에 의한 가식적 관계일 수도 있고, 또 제3의 억압변인이 있어 원래의 관계가 나타나지 않았을 수도 있다. 따라서 둘 이상의 독립변인을 고려한 분석이 필요한데 여기서는 로짓회귀분석(logistic regression analysis)[14]을 사용하여 분석하였다.

<표 4-11> 목표물선택 시 고려요인과 각 변인 간의 상관관계

구　　분	연령	학력	범행경력	공범수	혼인상태	계획여부	경제적가치	생활수준	처분용이	이용가치	피해자저항
연　　령	1.0000										
학　　력	.0451	1.0000									
범행경력	.0608	-.0864	1.0000								
공 범 수	-.2197**	-.0875	2467**	1.0000							
혼인상태	.5772**	.0785	.1997**	.0112	1.0000						
계획 여부	-.0690	-.0569	1938**	.2664**	.0668	1.0000					
경제적 가치	.0675	.0368	.3055**	.2234**	.1735*	2239**	1.0000				
생활수준	-.0042	.0917	.1824**	.1738*	.1234	.1701*	.6182**	1.0000			
처분용이	.0742	.1130	.0639	.0777	.1571*	.1543*	.4717**	.3811**	1.0000		
이용가치	-.0575	.0740	.1266	.0936	.0109	.1500*	.4176**	.3723**	.4400**	1.0000	
피해자저항	.1659*	.0833	.0535	-.0391	.1736*	.0545	.3717**	.3249**	.4080**	3127**	1.0000

*-.01　　**-.001

14) 로짓회귀분석은 종속변인이 불연속변인이며 이분척도일 때, 즉 특정현상이 발생하였는가 하지 않았는가에 대한 분석에서 사용할 수 있는 기법 가운데 하나이다. 종속변인인 범행 시 고려하는 환경적인 요인, 즉 목표물선택 시 고려하는 요인, 목표물접근 시 고려하는 요인, 도주를 위해 고려하는 요인, 감시를 피하기 위해 고려하는 요인의 세부 지표를 각각에 따라 다시 재부호화(recoding)하여 '중요하다'와 '중요하지 않다'로 나누었다.
로짓회귀분석을 위하여 독립변인을 가변인(dummy variables)으로 처리하였다.
　연령은 25세 이하=1, 26세 이상=0으로 처리하였고, 학력은 중졸 이하=0, 고입 이상=1로 처리하였다. 범행경력은 초범=0, 2범 이상=1로 처리하였고, 공범수는 1명=0, 2명 이상=1로, 혼인상태는 미혼=0, 결혼=1로, 범행의 계획성 여부는 우발적=0, 계획적=1로 처리하였다. 이러한 가변인의 처리는 이하 로짓회귀분석에서 동일하다.

〈표 4-11〉은 목표물선택 시 고려요인과 각 변인 간의 상관관계[15]를 나타낸 것이다.

우선 개별변인 간의 상관관계를 보면 공범수는 연령과 부의 상관관계를 보이고 있고, 범행경력과는 정의 상관관계가 있는 것으로 나타났다. 범행의 계획성 여부는 범행경력, 공범수와 상관관계가 있는 것으로 나타났다.

특히 연령과 결혼은 정의 관계로 높은 상관관계를 나타내고 있어 앞의 교차분석과 일치하는 결과를 보이고 있다.

다음으로 목표물선택 시 고려하는 요인 가운데 목표물의 경제적 가치와 각 변인 간의 상관관계를 살펴보면 범행경력, 범행의 계획성 여부, 공범수, 혼인상태의 순으로 상관관계가 높은 것으로 나타났다. 따라서 혼인상태보다는 공범수가, 공범수보다는 범행의 계획성 여부가, 범행의 계획성 여부보다는 범행경력이 목표물의 경제적 가치와 큰 상관관계를 가짐을 알 수 있다. 범행지역의 생활수준과 각 변인 간의 상관관계는 범행경력이 가장 큰 상관관계를 가지며, 공범수, 범행의 계획성 여부의 순서로 상관관계를 가짐을 알 수 있다. 목표물처분의 용이성과 각 변인 간의 상관관계는 혼인상태와 범행의 계획성 여부의 순서로 상관관계를 보이고 있으며, 목표물의 이용가치와 각 변인 간의 상관관계는 범행의 계획성 여부와 상관관계를 가짐을 알 수 있다. 피해자의 저항능력과 각 변인 간의 상관관계에서는 혼인상태, 연령의 순서로 상관관계를 보이고 있다.

한편 목표물선택 시 고려하는 요인에 미치는 영향을 살펴보기 위하

---

15) 상관관계분석은 통계적으로 인과관계는 설명할 수 없지만 변인 간의 관계 정도를 파악할 수 있다. 상관관계분석의 경우에 '1'의 값은 변인 간의 관계가 그대로 일치하는 경우이고, '-(부)'의 값을 갖게 되면 변인 간의 관계가 부정적으로 작용함을 의미한다.

여 목표물선택 시 고려하는 다섯 가지 요인을 종속변인으로 하여 로짓 회귀분석을 하였을 때(단계는 Enter방식[16] 이용) 그 분석결과는 〈표 4-12〉와 같다.

〈표 4-12〉 목표물선택 시 고려요인과 각 변인에 대한 로짓회귀분석

STEP/ENTER	경제적 가치		생활수준		처분용이성		이용가치		피해자저항	
	계수	P	계수	P	계수	P	계수	P	계수	P
연 령	-.2561	.3944	.2274	.4512	-.2442	.4047	.1612	.5751	-.6080	.0387*
학 력	.3306	.1965	.6104	.0163*	.3612	.1493	.2236	.3554	.5239	.0346*
범행경력	.6134	.0194*	.4598	.0732	.0078	.9758	.3707	.1352	.0093	.9712
공 범 수	.5413	.0505	.3353	.2118	.1791	.5082	.0130	.9601	.1595	.5524
혼인상태	.2886	.3590	.5251	.0895	.6182	.0483*	.0899	.7612	.4116	.1783
계획 여부	.6237	.0229*	.5766	.0270*	.5464	.0416*	.3521	.1670	.3438	.1905
상 수	-.3990	.1706	-1.3302	.000	-.1417	.6192	-.4252	.1300	-.2108	.4584
-2LOG LIKELIHOOD X^2 P	372.603 23.648 .0006***		379.242 22.468 .0010**		382.361 16.281 .0123*		402.404 6.142 .4074		384.484 19.437 .0035*	

*P〈.05 **P〈.01 ***P〈.001

목표물선택 시 고려하는 요인 가운데 목표물의 경제적 가치의 로짓 회귀분석결과 범행경력, 범행의 계획성 여부는 영향을 미치는 것으로 나타났으나 〈표 4-8〉과 〈표 4-9〉의 교차분석결과와는 달리 공범수와 혼인상태와는 별다른 영향을 미치지 않는 것으로 나타났다. 따라서 범 행경력과 범행의 계획성 여부가 목표물선택 시 고려하는 요인 가운데

---

16) 단 한번만으로 지정한 변인들을 모두 진입시키는 방식.

목표물의 경제적 가치에 영향을 미치고 있다. 모델의 적합도를 살펴보면, -2로그우도(-2 log likelihood)[17]는 372.603이며, 모델카이자승(model chi-square)[18] 값은 23.648로서 p<.001의 수준에서 통계적으로 유의미하다. 따라서 목표물선택 시 고려하는 요인 가운데 목표물의 경제적 가치에 대한 개별변인의 영향은 두 변인이 통계적으로 유의미한 영향을 미친다. 이는 범행경력과 범행의 계획성 여부이며 관계의 방향을 살펴보면 범행경력이 많거나, 범행을 미리 계획하였을 경우에 목표물선택 시 목표물의 경제적 가치를 중요하게 고려한다고 할 수 있다.

다음으로 범행지역의 생활수준에 대한 로짓회귀분석결과 학력과 범행의 계획성 여부가 영향을 미치는 것으로 나타났다. 앞에서 살펴본 학력과의 교차분석결과와는 달리 학력이 범행지역의 생활수준에 영향을 미치는 것으로 로짓회귀분석결과 나타났으며, 〈표 4-7〉의 교차분석결과와는 달리 범행경력은 별다른 영향을 미치지 않는 것으로 나타났다. 모델의 적합도를 살펴보면 -2로그우도는 379.242이며, 모델카이자승값은

---

17) 우도(likelihood)란 모수치의 추정치에 대한 관찰된 결과의 확률를 말한다. 우도는 1보다 작기 때문에 추정될 모델이 자료에 어느 정도 적합한가를 알기 위한 척도로서 우도의 로그값에 -2를 곱한 값(-2 LL)을 사용한다. 좋은 모델은 관찰된 결과에 대한 높은 우도를 보여주며, 따라서 -2 LL은 작은 값을 가지게 된다. 모델이 완전히 적합하다고 할 때 우도는 1이며, -2 LL은 0이다.

18) 모델카이자승은 단지 상수(constant)만 포함된 모델의 -2 LL과 현 모델의 -2 LL의 차이를 나타내 준다. 이 차이가 클수록 모델이 종속변인을 잘 설명하여 준다는 것을 의미한다. 모델카이자승은 상수를 제외한 현 모델의 모든 계수가 0이라는 영가설을 검증한다. 따라서 유의도가 일정한 기준(P<.05)에 해당할 때 현 모델의 모든 계수가 0이라는 영가설을 거부할 수 있으며, 이 모델은 유의미하게 된다. 이 검증은 회귀분석에서 F검증과 유사하다.

22.468로서 p<.001의 수준에서 통계적으로 유의미하다. 따라서 목표물선택 시 고려하는 요인 가운데 범행지역의 생활수준에 대한 개별변인의 영향은 두 변인이 통계적으로 유의미한 영향을 미친다. 이는 학력과 범행의 계획성 여부이며 관계의 방향을 살펴보면 학력이 높거나, 범행을 미리 계획하였을 경우에 목표물선택 시 범행지역의 생활수준을 중요하게 고려한다고 할 수 있다. 이 중에서도 가장 큰 영향을 미치는 것은 학력이며 그 다음은 범행의 계획성 여부이다.

목표물처분의 용이성에 대한 로짓회귀분석결과는 혼인상태, 범행의 계획성 여부가 영향을 끼치는 것으로 나타났으나 〈표 4-5〉에서 살펴본 교차분석결과와는 달리 연령은 영향을 미치지 않는 것으로 나타났다. 모델의 적합도를 살펴보면 -2로그우도는 382.361이며, 모델카이자승 값은 16.281로서 P<.05의 수준에서 유의미하다. 따라서 목표물선택 시 고려하는 요인 가운데 목표물처분의 용이성은 두 변인이 통계적으로 유의미한 영향을 미친다. 이는 혼인상태와 범행의 계획성 여부이며 관계의 방향을 살펴보면, 미혼자보다 기혼자가, 범행을 미리 계획하였을 경우 목표물선택 시 목표물처분의 용이성을 중요하게 고려함을 알 수 있다.

다음으로 목표물의 이용가치에 대한 로짓회귀분석결과에서 〈표 4-10〉에서 본 바와 같이 우발범보다 계획범이 목표물의 이용가치를 더욱 중요하게 고려하고 있다는 교차분석과는 다르게 아무런 영향을 미치지 않는 것으로 나타났다. 이는 모델카이자승값이 6.142로서 통계적으로도 유의미하지 않은 것으로 나타났다. 따라서 로짓회귀분석결과 목표물의 이용가치에 대하여 영향을 미치고 있는 변인은 없는 것으로 드러났다.

피해자의 저항능력에 대한 로짓회귀분석결과는 연령과 학력이 영향을 미치는 것으로 나타났으나 〈표 4-9〉의 교차분석결과와는 다르게 혼인상태는 영향을 미치지 않는 것으로 나타났으며, 연령은 부의 영향을 보이고 있다. 모델의 적합도를 살펴보면, -2로그우도는 384.484이며, 모델카이자승값은 19.437로서 P<.05의 수준에서 유의미하다. 따라서 목표물선택 시 고려하는 요인 가운데 피해자의 저항능력에 두 변인이 영향을 미친다. 이는 연령과 학력이며 관계의 방향을 살펴보면 연령이 높거나, 학력이 높을수록 피해자의 저항능력에 영향을 미치는 것을 알 수 있다.

그러므로 로짓회귀분석결과 주거침입절도범은 목표물선택 시 고려하는 요인 가운데 연령이 높을수록 피해자의 저항능력을 더욱 중요하게 고려하며, 학력이 높을수록 범행지역의 생활수준과 피해자의 저항능력을 더욱 중요하게 고려한다. 범행경력은 많을수록 목표물의 경제적 가치를 중요하게 고려하며, 기혼자가 미혼자보다 목표물처분의 용이성을 중요하게 고려한다. 또한 계획범이 우발범보다 목표물의 경제적 가치, 범행지역의 생활수준, 목표물처분의 용이성을 더욱 중요하게 고려하고 있다.

이상의 목표물선택 시 고려하는 요인에 대한 각 변인과의 로짓회귀분석과 앞의 여러 분석을 종합해 보면 가설 1, 2, 3, 13, 14, 15에 대해 다음과 같이 검증할 수 있다.

〈가설 1〉 연령이 높을수록 목표물선택 시 고려요인을 더욱 중시한다.
위의 분석을 종합해 볼 때 범행 시 목표물을 선택하는 데 고려하는 요인의 다섯 가지 세부 지표에 대해 피해자의 저항능력만이 유의미한 것으로 나타나 연령이 높을수록 목표물선택 시 고려요인을 더욱 중시한다는 〈가설 1〉은 기각할 수 있다.

〈가설 2〉 교육수준이 높을수록 목표물선택 시 고려요인을 더욱 중시한다.

위의 분석을 종합해 볼 때 범행 시 목표물을 선택하는 데 고려하는 다섯 가지 세부 지표에 대해 범행지역의 생활수준과 피해자의 저항능력이 유의미한 것으로 나타나 교육수준이 높을수록 목표물선택 시 고려요인을 더욱 중시한다는 〈가설 2〉는 부분적으로 채택할 수 있다.

〈가설 3〉 기혼자가 미혼자보다 목표물선택 시 고려요인을 더욱 중시한다.

위의 분석을 종합해 볼 때 범행 시 목표물을 선택하는 데 고려하는 다섯 가지 세부 지표에 대해 목표물처분의 용이성만이 유의미한 것으로 나타나 기혼자가 미혼자보다 목표물선택 시 고려요인을 더욱 중시한다는 〈가설 3〉은 기각할 수 있다.

〈가설 13〉 범행경력이 많을수록 목표물선택 시 고려요인을 더욱 중시한다.

위의 분석을 종합해 볼 때 범행 시 목표물선택의 고려요인 다섯 가지 세부 지표에 대해 목표물의 경제적 가치만이 유의미한 것으로 나타나 범행경력이 많을수록 목표물선택 시 고려요인을 더욱 중시한다는 〈가설 13〉은 기각할 수 있다.

〈가설 14〉 공범수가 많을수록 목표물선택 시 고려요인을 더욱 중시한다.

위의 분석을 종합해 볼 때 범행 시 목표물선택의 고려요인 다섯 가지 세부 지표에 대해 유의미한 것이 하나도 없으므로 공범수가 많을수록 목표물선택 시 고려요인을 더욱 중시한다는 〈가설 14〉는 기각할 수 있다.

〈가설 15〉 계획범이 우발범보다 목표물선택 시 고려요인을 더욱 중시한다.

위의 분석을 종합해 볼 때 범행 시 목표물선택의 고려요인 다섯 가지 세부 지표에 대해 목표물의 경제적 가치, 범행지역의 생활수준, 목표물처분의 용이성에서 유의미한 것으로 나타나 계획범이 우발범보다 목표물선택 시 고려요인을 더욱 중시한다는 〈가설 15〉는 채택할 수 있다.

따라서 목표물선택 시 고려하는 요인에 대한 가설검증결과 범행의 계획성 여부가 다른 변인보다 상대적으로 많은 영향을 미치며, 학력은 다소 영향을 미친다고 할 수 있다.

2. 목표물접근시 고려하는 요인과 중요도

〈표 4-13〉 목표물접근 시 고려하는 요인과 중요도

단위: 명(%)

구 분 중요도	대문의 개폐 여부	창문 등의 개폐 여부	방범·경비 초소 유무	방범시설의 유무	울타리나 담의 높낮이
매우 중요하다	57(18.6)	50(16.2)	76(24.5)	107(34.7)	46(15.0)
중요한 편이다	101(32.9)	104(33.8)	103(33.2)	106(34.4)	88(28.8)
중요하지 않은 편이다	77(25.1)	88(28.6)	76(24.5)	62(20.1)	96(31.4)
거의 중요하지 않다	72(23.5)	66(21.4)	55(17.7)	33(10.7)	76(24.8)
계	307(100.0)	308(100.0)	310(100.0)	308(100.0)	306(100.0)

주거침입절도범이 목표물에 접근할 때 중시하는 구체적인 세부 지표들을 대문의 개폐 여부, 출입가능한 창문 등의 개폐 여부, 범행지역 주변에 방범초소나 경비초소의 유무, 방범견·철책·방범비상벨 등 방범시설의 유무, 울타리나 담의 높낮이로 나누어 고찰한 바 〈표 4-13〉과 같다.

범행 시 대문개폐 여부의 중요도는 '중요하다'가 51.5%, '중요하지 않다'가 48.6%로 나타났다. 그리고 출입가능한 창문 등 개폐 여부에서는 '중요하다'와 '중요하지 않다'가 각각 50.0%로 차이가 없는 것으로 나타났다. 그러나 범행 시 방범견·철책·방범비상벨 등 방범시설 유무의 고려요인은 '중요하다'가 69.1%, '중요하지 않다'가 30.8%로 나타났으며, 범행 시 범행지역 주변에 방범초소나 경비초소 유무의 고려요인은 '중요하다'가 57.7%, '중요하지 않다'가 42.2%로 나타났다. 이러한 분포는 방범견·철책·방범비상벨 등 방범시설과 방범초소나 경비초소 등은 중요한 요인으로 고려하는 범죄자가 상대적으로 많은 반면에 대문이나 창문의 개폐 여부의 경우는 중요한 요인으로 고려하는 범죄자의 비율이 상대적으로 낮음을 나타내는 것이다.

한편 범행 시 울타리나 담의 높낮이의 중요도는 '중요하다'가 43.8%, '중요하지 않다'가 56.2%로 나타나 오히려 울타리나 담의 높낮이는 범행 시 범행대상에 접근하는 고려요인 가운데 비교적 중요하지 않은 것으로 나타났다. 이는 단독주택의 주호(住戶) 둘레를 높은 벽돌담으로 둘러싸는 경우 겉으로 보기에는 견고하게 방비되어 있는 듯하지만 일단 담안으로 침입할 수 있으면 통행인의 감시에서 벗어나기 때문에 도리어 위험하다는 지적[19]에서도 알 수 있듯이 감시성이 고려되지 않은 높은 담이나 울타리는 범행 시 그다지 문제되지 않음을 알 수 있다. 따라서 범인들이 범행지역을 선택할 때 주택가에 방범시설이 잘 갖춰진 곳이나 방범초소 혹은 경비초소 등이 있는 곳을 회피하고 있는 것으로 짐작된다.

이상에서와 같이 주거침입절도범들은 울타리나 담의 높낮이보다는 범행 시 방범견·철책·방범비상벨 등 방범시설 또는 범행지역 주변에 방범초소나 경비초소의 유무를 더욱 중시하고 있음을 알 수 있다.

임승빈 교수가 수도권 K시의 주민에게 범죄방어를 위해 필요한 시설이 무엇인지에 대한 질문에서도 경찰의 순찰, 방범시설의 설치 등 행정적 차원에서 대처가 필요하다고 응답하여[20] 현 시점에서 주거단지에서

---

19) 佐佐木眞朗, "建築設計による犯罪防止(上)," 警察大學校, 警察學論集, 第42卷 第11號(1989. 11), 111쪽.
20) 임승빈·박창석, 전게논문, 61쪽.

의 주민들의 불안감 해소나 범죄예방을 위해서는 순찰의 활성화와 방범시설의 증설 등이 효과적임을 알 수 있다.

1) 연령과 목표물접근 시 고려요인의 중요도

연령과 목표물접근 시 고려하는 요인 가운데 범행지역 주변에 방범초소나 경비초소 유무와 울타리나 담의 높낮이를 분석한 것이 〈표 4-14〉이다.

우선 방범초소나 경비초소 유무를 보면 25세 이하의 연령에서는 중요하다고 생각하는 범죄자가 61.1%이며, 26세 이상의 연령에서는 중요하다고 생각하는 범죄자가 55.8%로 연령이 낮은 25세 이하가 연령이 높은 26세 이상보다 다소 중요하다고 생각하고 있는 것으로 나타났으나 통계적으로 유의미하지 않은 것으로 나타났다.

울타리나 담의 높낮이를 보면 25세 이하의 연령에서 '중요하다'가 38.2%이며 26세 이상의 연령은 49.4%로 나타나 연령이 높은 층이 연령이 낮은 층보다 울타리나 담의 높낮이를 고려하고 있는 것으로 나타났지만 연령에 상관없이 모두 중요하지 않은 것으로 생각하고 있으며, 통계적으로 유의미한 차이는 없다.

표로 제시하지는 않았지만 대문의 개폐 여부, 출입가능한 창문 등의 개폐 여부, 방범견·철책·방범비상벨 등 방범시설의 유무는 연령에 따른 차이가 거의 없으며 통계적으로도 유의미한 차이가 없었다.

〈표 4-14〉 연령과 목표물접근 시 고려요인의 중요도

단위: 명(%)

구 분 / 중 요 도	연 령	25세 이하	26세 이상	계
방범초소 · 경비초소 유무	중요하다	80(61.1)	96(55.8)	176(58.1)
	중요하지 않다	51(38.9)	76(44.2)	127(41.9)
	계	131(100.0)	172(100.0)	303(100.0)
울타리나 담의 높낮이	중요하다	50(38.2)	83(49.4)	133(44.5)
	중요하지 않다	81(61.8)	85(50.6)	166(55.5)
	계	131(100.0)	168(100.0)	299(100.0)

2) 학력과 목표물접근 시 고려요인의 중요도

〈표 4-15〉는 학력과 목표물접근 시 고려하는 요인 가운데 출입가능한 창문 등의 개폐 여부를 분석한 것이다.

〈표 4-15〉 학력과 창문 개폐 여부에 대한 고려정도

단위: 명(%)

창문 개폐 여부 \ 학 력	중졸 이하	고입 이상	계
중요하다	71(46.1)	83(53.9)	154(50.0)
중요하지 않다	83(53.9)	71(46.1)	154(50.0)
계	154(100.0)	154(100.0)	308(100.0)

중졸 이하의 학력자는 창문 등의 개폐 여부가 중요하다고 보는 비율이 46.1%이며, 고입 이상의 학력자에서는 53.9%로 나타나 학력이 높은

범죄자가 창문 등의 개폐 여부를 중시하는 것으로 나타났지만 통계적으로 유의미한 차이는 없다.

표로 제시하지는 않았지만 대문의 개폐 여부, 범행지역 주변에 방범초소나 경비초소의 유무, 방범견·철책·방범비상벨 등 방범시설의 유무, 울타리나 담의 높낮이는 학력에 따른 차이가 거의 없으며, 통계적으로도 유의미한 차이가 없었다.

3) 범행경력과 목표물접근 시 고려요인의 중요도

〈표 4-16〉과 같이 범행경력에 따라 범행지역 주변에 방범초소나 경비초소 유무의 중요도는 초범일 경우 '중요하다'가 60.5%이며, 2범 이상 재범자의 경우에는 53.4%로 초범자가 2범 이상 재범자보다 중요하다고 생각하는 것으로 나타났다. 그리고 방범견·철책·방범비상벨 등 방범시설의 유무에 있어서도 초범은 71.9%, 2범 이상은 65.2%로 중요하다고 생각하고 있다. 이것은 범행을 처음 시도하는 사람이 주위의 불리한 여건을 더욱 고려하고 있는 것으로 생각되지만 통계적으로 유의미한 차이는 없는 것으로 나타났다.

표로 제시하지는 않았지만 대문의 개폐 여부, 출입가능한 창문 등의 개폐 여부, 울타리나 담의 높낮이는 범행경력에 따른 차이가 거의 없으며, 통계적으로도 유의미한 차이가 없었다.

〈표 4-16〉 범행경력과 목표물접근 시 고려요인의 중요도

단위: 명(%)

구 분	중요도 \ 범행경력	초 범	2범 이상	계
방범·경비 초소 유무	중요하다	104(60.5)	71(53.4)	175(57.4)
	중요하지 않다	68(39.5)	62(46.6)	130(42.6)
	계	172(100.0)	133(100.0)	305(100.0)
방범시설 유무	중요하다	123(71.9)	86(65.2)	209(69.0)
	중요하지 않다	48(28.1)	46(34.8)	94(31.0)
	계	171(100.0)	132(100.0)	303(100.0)

4) 공범수와 목표물접근 시 고려요인의 중요도

공범수와 목표물접근 시 고려하는 요인의 중요도를 보면 〈표 4-17〉
과 같다.

〈표 4-17〉 공범수와 목표물접근 시 고려요인의 중요도

단위: 명(%)

구 분	중요도 \ 공범 수	1 명	2명 이상	계
창문 등의 개폐 여부	중요하다	85(47.8)	69(53.5)	154(50.2)
	중요하지 않다	93(52.2)	60(46.5)	153(49.8)
	계	178(100.0)	129(100.0)	307(100.0)
방범시설의 유무	중요하다	119(67.2)	93(71.5)	212(69.1)
	중요하지 않다	58(32.8)	37(28.5)	95(30.9)
	계	177(100.0)	130(100.0)	307(100.0)
울타리나 담의 높낮이	중요하다	84(47.7)	50(38.8)	134(43.9)
	중요하지 않다	92(52.3)	79(61.2)	171(56.1)
	계	176(100.0)	129(100.0)	305(100.0)

공범수에 따라 출입가능한 창문 등의 개폐 여부의 중요도는 단독범인 경우 '중요하다'가 47.8%이며, 2명 이상 공범이 있을 경우에는 53.5%로 나타나 2명 이상의 공범이 있는 경우에 단독범보다 출입가능한 창문 등의 개폐 여부를 중요하게 생각하는 것으로 나타났으나 통계적으로 유의미한 차이를 보이고 있지는 않다.

그리고 공범수에 따라 방범견·철책·방범비상벨 등 방범시설 유무의 중요도는 단독범의 경우 '중요하다'가 67.2%이며, 2명 이상 공범이 있을 경우 71.5%로 2명 이상 공범이 있을 경우 더 중요하다고 생각하는 것으로 나타났지만 통계적으로 유의미한 차이를 보이고 있지는 않다.

공범수에 따른 울타리나 담의 높낮이의 중요도에서 단독범인 경우에는 '중요하다'가 47.7%이며, 2명 이상의 공범이 있을 경우에는 38.8%로 단독범이 공범보다 상대적으로 울타리나 담의 높낮이를 중시하는 것으로 나타났으나 통계적으로 유의미한 차이는 없다.

표로 제시하지는 않았지만 대문의 개폐 여부, 범행지역 주변에 방범초소나 경비초소의 유무는 공범수에 따른 차이가 거의 없으며 통계적으로도 유의미한 차이가 없었다.

5) 혼인상태와 목표물접근 시 고려요인의 중요도

〈표 4-18〉에서와 같이 통계적을 유의미한 차이는 없지만 혼인상태별 대문 개폐 여부의 중요도를 보면 미혼자는 '중요하다'가 49.8%이며, 기혼자는 55.8%로 나타났고, 방범견·철책·방범비상벨 등 방범시설 유무의 중요도는 미혼자가 66.8%, 기혼자가 74.0%로 기혼자가 다소 높게 나타났다.

표로 제시하지는 않았으나 출입가능한 창문 등의 개폐 여부, 범행지역

주변에 방범초소나 경비초소의 유무, 울타리나 담의 높낮이는 혼인상태
에 따른 차이가 거의 없으며 통계적으로도 유의미한 차이가 없었다.

<표 4-18> 혼인상태와 목표물 접근 시 고려요인의 중요도

단위: 명(%)

구 분	중요도 \ 혼인상태	미 혼	결 혼	계
대문의 개폐 여부	중요하다	105(49.8)	53(55.8)	158(51.6)
	중요하지 않다	106(50.2)	42(44.2)	148(48.4)
	계	211(100.0)	95(100.0)	306(100.0)
방범견·철책· 방범비상벨 등 방범시설 유무	중요하다	141(66.8)	71(74.0)	212(69.1)
	중요하지 않다	70(33.2)	25(26.0)	95(30.9)
	계	211(100.0)	96(100.0)	307(100.0)

6) 범행의 계획성 여부와 목표물접근 시 고려요인의 중요도

범행의 계획성 여부와 대문의 개폐 여부, 출입가능한 창문 등의 개폐
여부, 범행지역 주변에 방범초소나 경비초소의 유무, 방범견·철책·방
범비상벨 등 방범시설의 유무와 울타리나 담의 높낮이와의 관계를 살
펴본 결과 <표 4-19>와 같이 통계적으로 유의미한 차이는 없는 것으로
나타났다.

우선 대문의 개폐 여부의 고려정도에서는 우발범은 '중요하다'가
47.7%, 계획범은 56.8%로 우발범보다 계획범이 대문의 개폐 여부를 보
다 중요하게 고려하고 있는 것으로 나타났다. 이는 대문의 개폐 여부가

146

계획범에게 상대적으로 중요한 고려요인이 되고 있음을 알 수 있다.

<표 4-19> 범행의 계획성 여부와 목표물접근 시 고려요인의 중요도

단위: 명(%)

범행의 계획성 여부 구 분 / 중요도		우발적	계획적	계
대문의 개폐 여부	중요하다	92(47.7)	63(56.8)	155(51.0)
	중요하지 않다	101(52.3)	48(43.2)	149(49.0)
	계	193(100.0)	111(100.0)	304(100.0)
창문 등의 개폐 여부	중요하다	92(46.9)	61(56.0)	153(50.2)
	중요하지 않다	104(53.1)	48(44.0)	152(49.8)
	계	196(100.0)	109(100.0)	305(100.0)
방범·경비초소 유무	중요하다	118(60.2)	59(53.2)	177(57.7)
	중요하지 않다	78(39.8)	52(46.8)	130(42.3)
	계	196(100.0)	111(100.0)	307(100.0)

다음으로 출입가능한 창문 등의 개폐 여부에서 우발범과 계획범의 각각 46.9%, 56.0%가 중요하게 고려하고 있어 우발범과 계획범 사이에 차이가 나타나고 있다. 우발범의 경우 대문의 개폐 여부에서와 마찬가지로 출입가능한 창문 등의 개폐 여부가 상대적으로 중요하지 않은 고려요인임을 알 수 있다.

마지막으로 범행의 계획성 여부에 따른 방범초소나 경비초소의 유무를 보면 우발범은 '중요하다'가 60.2%인 반면에 계획범은 53.2%가 중요하게 고려하고 있어 우발범이 계획범보다 상대적으로 보다 중요한 것으로 고려하고 있는 것으로 나타났다.

표로 제시하지는 않았지만 방범견·철책·방범비상벨 등 방범시설의 유무와 울타리나 담의 높낮이는 범행의 계획성 여부에 따른 차이가 거의 없으며 통계적으로도 유의미한 차이가 없었다.

<표 4-20> 목표물접근 시 고려요인과 각 변인 간의 상관관계

구 분	연령	학력	범행경력	공범수	혼인상태	계획여부	대문개폐	창문개폐	방범초소	방범시설	울타리·담
연 령	1.0000										
학 력	.0308	1.0000									
범행경력	.0472	-.0988	1.0000								
공 범 수	-.2470**	-.0973	.2192**	1.0000							
혼인상태	.5545**	.0527	.1836**	.0065	1.0000						
계획 여부	-.0720	-.0777	.1868**	.2462**	.0707	1.0000					
대문개폐	.0683	-.0413	.0496	.0155	.0926	.0555	1.0000				
창문개폐	.0006	.0647	.0583	.1279	.0498	.0426	.5258**	1.0000			
방범초소	-.0704	.0609	-.0537	.0436	.0330	-.0846	.2906**	.3497**	1.0000		
방범시설	-.0111	.0651	-.0480	.0870	.0789	.0451	.3220**	.3567**	.5634**	1.0000	
울타리·담	.0535	.0709	.0169	-.0370	.0330	-.1015	.2810**	.4045**	.3958**	.4550**	1.0000

*-.01　**-.001

<표 4-20>은 목표물접근 시 고려요인과 각 변인 간의 상관관계를 나타낸 것이다. 목표물접근 시 고려요인 가운데 대문의 개폐 여부, 출입 가능한 창문 등의 개폐 여부, 범행지역 주변에 방범초소나 경비초소의 유무, 방범견·철책·방범비상벨 등 방범시설의 유무, 울타리나 담의 높낮이와 각 변인과의 상관관계를 살펴보면, 목표물접근 시 고려요인과 각 변인 간에 상관관계를 가지고 있지 않음을 알 수 있다.

목표물접근 시 고려하는 요인에 미치는 영향을 살펴보기 위하여 목표물접근 시 고려하는 다섯 가지 요인을 종속변인으로 하여 이들 변인을 로짓회귀분석을 하였을 때(단계는 Enter 방식) 그 분석결과는 <표

4-21〉과 같다.

〈표 4-21〉 목표물접근 시 고려요인과 각 변인에 대한 로짓회귀분석

STEP/ENTER	대문개폐		창문개폐		방범초소유무		방범시설유무		울타리나 담	
	계수	P	계수	P	계수	P	계수	P	계수	P
연 령	.1026	.7211	.3450	.2313	.3035	.2977	-.0904	.7686	-.3335	.2484
학 력	.0586	.8088	.3511	.1486	.1961	.4220	.1832	.4846	.1981	.4182
범행경력	-.2509	.3135	-.1405	.5729	-.3753	.1343	-.4283	.1091	.4196	.0971
공 범 수	-.0355	.8913	.2054	.4315	.2895	.2747	.2964	.2976	-.3251	.2208
혼인상태	.2803	.3453	.0897	.7619	.2078	.4875	.3981	.2244	.0388	.8962
계획 여부	.3693	.1469	.2837	.2672	-.3625	.1585	.2350	.4007	-.1763	.4975
상 수	-.1282	.6504	-.4491	.1117	.1992	.4778	.6212	.0370	-.1607	.5661
-2LOG LIKELIHOOD X^2 P	400.633 4.041 .6711		399.652 6.502 .3694		395.160 6.905 .3297		355.892 7.173 .3051		392.338 8.178 .2253	

목표물접근 시 고려하는 요인과 각 변인에 대한 로짓회귀분석결과는 앞의 교차분석과 상관관계에서의 결과와도 일치하는 것으로 목표물접근 시 대문의 개폐 여부, 출입가능한 창문 등의 개폐 여부, 범행지역 주변에 방범초소나 경비초소 유무, 방범견·철책·방범비상벨 등 방범시설 유무, 울타리나 담의 높낮이 등 모든 고려요인에 영향을 미치는 변인은 하나도 없는 것으로 나타났다. 또한 모델카이자승값이 유의미하지 않은 것으로 나타났다.

따라서 로짓회귀분석을 종합하면 주거침입절도범은 각각의 개별 변

인에 따라 목표물접근 시 고려하는 요인에 영향을 미치는 변인은 없다고 할 수 있다.

이상의 목표물접근 시 고려하는 요인에 대한 각 변인과의 로짓회귀분석과 앞에서 분석한 여러 분석을 종합해 보면 가설 4, 5, 6, 16, 17, 18에 대해 다음과 같이 검증할 수 있다.

〈가설 4〉 연령이 높을수록 목표물접근 시 고려요인을 더욱 중시한다.

위의 분석을 종합해 볼 때 범행 시 목표물에 접근하는 데 고려하는 다섯 가지 세부 지표에 대해 유의미한 것이 하나도 없으므로 연령이 높을수록 목표물접근 시 고려요인을 더욱 중시한다라는 〈가설 4〉는 기각할 수 있다.

〈가설 5〉 교육수준이 높을수록 목표물접근 시 고려요인을 더욱 중시한다.

위의 분석을 종합해 볼 때 범행 시 목표물에 접근하는 데 고려하는 다섯 가지 세부 지표에 대해 유의미한 것이 하나도 없으므로 교육수준이 높을수록 목표물접근 시 고려요인을 더욱 중시한다라는 〈가설 5〉는 기각할 수 있다.

〈가설 6〉 기혼자가 미혼자보다 목표물접근 시 고려요인을 더욱 중시한다.

위의 분석을 종합해 보면 범행 시 목표물에 접근하는 데 고려하는 다섯 가지 세부 지표에 대해 유의미한 것이 하나도 없으므로 기혼자가 미혼자보다 목표물접근 시 고려요인을 더욱 중시한다라는 〈가설 6〉은 기각할 수 있다.

〈가설 16〉 범행경력이 많을수록 목표물접근 시 고려요인을 더욱 중시한다.

위의 분석을 종합해 볼 때 범행 시 목표물에 접근하는 데 고려하는 다섯 가지 세부 지표에 대해 유의미한 것이 하나도 없으므로 범행경력이 많을수록 목표물접근 시 고려요인을 더욱 중시한다라는 〈가설 16〉은 기각할 수 있다.

〈가설 17〉 공범수가 많을수록 목표물접근 시 고려요인을 더욱 중시한다.

위의 분석을 종합해 볼 때 범행 시 목표물에 접근하는 데 고려하는 다섯 가지 세부 지표에 대해 유의미한 것이 하나도 없으므로 공범수가 많을수록 목표물접근 시 고려요인을 더욱 중시한다라는 〈가설 17〉은 기각할 수 있다.

〈가설 18〉 계획범이 우발범보다 목표물접근 시 고려요인을 더욱 중시한다.

위의 분석을 종합해 볼 때 범행 시 목표물에 접근하는 데 고려하는 다섯 가지 세부 지표에 대해 유의미한 것이 하나도 없으므로 계획범이 우발범보다 목표물접근 시 고려요인을 더욱 중시한다라는 〈가설 18〉은 기각할 수 있다.

따라서 목표물접근 시 고려하는 요인에 대한 가설검증결과 개별 변인에 따른 영향은 없다고 할 수 있다.

3. 도주를 위해 고려하는 요인과 중요도

주거침입절도범이 범행 시나 범행 후 도주를 위해 중시하는 구체적인 요인들을 범행지역 지형지물 숙지정도, 범행 후 도주용이성 여부, 범행 후 도주거리, 범행지역 주변의 도피처 유무로 나누어 분석해 보면 〈표 4-22〉와 같다.

〈표 4-22〉 도주를 위해 고려하는 요인과 중요도

단위: 명(%)

구 분 중요도	범행지역 지형지물 숙지정도	범행 후 도주용이성 여부	범행 후 도주거리	범행지역 주변의 도피처 유무
매우 중요하다	59(19.1)	99(32.5)	71(23.1)	61(19.7)
중요한 편이다	91(29.4)	91(29.8)	95(30.8)	85(27.4)
중요하지 않은 편이다	107(34.6)	75(24.6)	92(29.9)	102(32.9)
거의 중요하지 않다	52(16.8)	40(13.1)	50(16.2)	62(20.0)
계	309(100.0)	305(100.0)	308(100.0)	310(100.0)

즉, 범행 후 도주용이성의 여부는 '중요하다'가 62.3%, '중요하지 않다'가 37.7%로 중시하는 요인으로 나타났다. 그리고 범행 후 도주거리는 '중요하다'가 53.9%, '중요하지 않다'가 46.1%로 나타났다. 그러나 범행지역 주변의 도피처 유무라든지 범행지역 지형지물 숙지정도는 오히

려 중요하지 않다고 응답한 자가 더 많았다. 따라서 주거침입절도를 하는 데 있어 범행지역 지형지물 숙지정도나 범행지역 주변의 도피처 유무보다는 범행 후 도주용이성 여부와 범행 후 도주거리를 더욱 중시하는 것을 알 수 있다.

1) 연령과 도주를 위해 고려하는 요인의 중요도

연령과 도주를 위해 고려하는 요인의 중요도를 보면 〈표 4-23〉에서와 같이 25세 이하의 연령에서 범행 후 도주용이성 여부와 범행 후 도주거리를 '중요하다'라고 생각하는 사람이 각각 66.7%, 58.0%이며, 26세 이상의 연령에서는 60.4%, 50.9%로 나타났다. 따라서 연령이 낮은 층이 높은 층보다 범행 후 도주용이성 여부나 범행 후 도주거리를 중시하는 것으로 나타났으나 통계적으로 유의미한 차이는 없다.

〈표 4-23〉 연령과 도주를 위해 고려하는 요인의 중요도

단위: 명(%)

구 분	중 요 도	25세 이하	26세 이상	계
범행 후 도주용이성 여부	중요하다	86(66.7)	102(60.4)	188(63.1)
	중요하지 않다	43(33.3)	67(39.6)	110(36.9)
	계	129(100.0)	169(100.0)	298(100.0)
범행 후 도주거리	중요하다	76(58.0)	87(50.9)	163(54.0)
	중요하지 않다	55(42.0)	84(49.1)	139(46.0)
	계	131(100.0)	171(100.0)	302(100.0)

표로 제시하지는 않았지만 범행지역 지형지물 숙지정도와 범행지역 주변의 도피처 유무는 연령에 따른 차이가 거의 없으며 통계적으로도

유의미한 차이가 없었다.

2) 학력과 도주를 위해 고려하는 요인의 중요도

학력과 도주를 위해 고려하는 요인으로 범행지역 지형지물 숙지정도
와 범행 후 도주용이성 여부를 보면 〈표 4-24〉와 같다.

〈표 4-24〉 학력과 도주를 위해 고려하는 요인의 중요도

단위: 명(%)

구　분	학력 중요도	중졸 이하	고입 이상	계
범행지역 지형지물 숙지정도	중요하다	67(43.8)	83(53.2)	150(48.5)
	중요하지 않다	86(56.2)	73(46.8)	159(51.5)
	계	153(100.0)	156(100.0)	309(100.0)
범행 후 도주용이성 여부	중요하다	86(57.0)	104(67.5)	190(62.3)
	중요하지 않다	65(43.0)	50(32.5)	115(37.7)
	계	151(100.0)	154(100.0)	305(100.0)

중졸 이하의 학력을 가진 범죄자는 범행지역 지형지물 숙지정도와
범행 후 도주용이성 여부를 각각 43.8%와 57.0%를 중시한 반면에 고
입 이상의 학력을 가진 범죄자는 53.2%와 67.5%를 중시하는 것으로
나타났다. 따라서 학력이 높은 주거침입절도범이 범행지역 지형지물 숙
지정도와 범행 후 도주용이성 여부를 학력이 낮은 범죄자보다 다소 더
중시하는 것으로 생각되지만 통계적으로 유의미한 차이는 없다.

표로 제시하지는 않았지만 범행 후 도주거리와 범행지역 주변의 도

154

피처 유무는 학력에 따른 차이가 거의 없으며 통계적으로도 유의미한
차이가 없었다.

3) 범행경력과 도주를 위해 고려하는 요인의 중요도

〈표 4-25〉 범행경력과 도주를 위해 고려하는 요인의 중요도

단위: 명(%)

구 분	중 요 도	초 범	2범 이상	계	비 고
범행지역 지형지물 숙지정도	중요하다	76(44.4)	71(53.4)	147(48.4)	
	중요하지 않다	95(55.6)	62(46.6)	157(51.6)	
	계	171(100.0)	133(100.0)	304(100.0)	
범행 후 도주거리	중요하다	81(47.4)	81(61.4)	162(53.5)	$X^2=5.87$ 자유도=1 P<.05
	중요하지 않다	90(52.6)	51(38.6)	141(46.5)	
	계	171(100.0)	132(100.0)	303(100.0)	

〈표 4-25〉에서와 같이 범행경력과 범행지역 지형지물 숙지정도는 초
범이 44.4%, 2범 이상의 재범자의 53.4%가 '중요하다'고 생각해 초범보
다 2범 이상의 재범자가 범행지역 지형지물 숙지정도를 더 고려하고
있는 것으로 나타났으나 통계적으로 유의미한 차이는 없다.

또한 범행경력과 범행 후 도주거리와의 관계를 살펴보면 초범의 경
우 47.4%, 2범 이상 재범자의 경우 61.4%가 '중요하다'라고 생각하여
초범자보다 2범 이상의 재범자가 범행 후 도주거리를 보다 중시하고
있는 것으로 나타났으며, 이러한 결과는 P<.05의 수준에서 통계적으로
도 유의미한 차이를 보여주고 있다.

표로 제시하지는 않았지만 범행 후 도주용이성 여부와 범행지역 주

변의 도피처 유무는 범행경력에 따른 차이가 거의 없으며 통계적으로
도 유의미한 차이가 없었다.

4) 공범수와 도주를 위해 고려하는 요인의 중요도

표로 제시하지는 않았지만 범행지역 지형지물 숙지정도, 범행 후 도
주용이성 여부, 범행 후 도주거리, 범행지역 주변의 도피처 유무 모두
에 공범수 따른 차이가 거의 없으며 통계직으로도 유의미한 차이가 없
었다.

5) 혼인상태와 도주를 고려하는 요인의 중요도

〈표 4-26〉 혼인상태와 지형지물숙지에 대한 고려정도

단위: 명(%)

범행지역 지형지물 숙지정도 〉혼인상태	미　혼	결　혼	계
중요하다	94(44.3)	55(57.3)	149(48.4)
중요하지 않다	118(55.7)	41(42.7)	159(51.6)
계	212(100.0)	96(100.0)	308(100.0)

$(X^2=4.44$ 자유도$=1$ P$\langle.05)$

〈표 4-26〉에서와 같이 혼인상태와 범행지역 지형지물 숙지정도와의
관계에서는 미혼자보다 기혼자가 범행지역 지형지물 숙지정도를 보다
중시하고 있는 것으로 나타났으며, 이러한 결과는 P$\langle$.05의 수준에서 통
계적으로 유의미한 차이를 보여 주고 있다.

표로 제시하지는 않았지만 범행 후 도주용이성 여부, 범행 후 도주거
리, 범행지역 주변의 도피처 유무는 혼인상태에 따른 차이가 거의 없으
며 통계적으로도 유의미한 차이가 없었다.

6) 범행계획성 여부와 도주를 위해 고려하는 요인의 중요도

〈표 4-27〉 범행의 계획성 여부와 도주를 위해 고려하는 요인의 중요도

단위: 명(%)

구 분 \ 중 요 도	범행의 계획성 여부	우발적	계획적	계	비 고
범행지역 지형지물 숙지정도	중요하다	88(44.9)	62(56.4)	150(49.0)	
	중요하지 않다	108(55.1)	48(43.6)	156(51.0)	
	계	196(100.0)	110(100.0)	306(100.0)	
범행 후 도주용이성 여부	중요하다	110(57.3)	79(71.8)	189(62.6)	X^2=6.31 자유도=1 P<.05
	중요하지 않다	82(42.7)	31(28.2)	113(37.4)	
	계	192(100.0)	110(100.0)	302(100.0)	
범행 후 도주거리	중요하다	91(46.7)	73(66.4)	164(53.8)	X^2=10.98 자유도=1 P<.001
	중요하지 않다	104(53.3)	37(33.6)	141(46.2)	
	계	195(100.0)	110(100.0)	305(100.0)	
범행지역 주변의 도피처 유무	중요하다	85(43.4)	59(53.2)	144(46.9)	
	중요하지 않다	111(56.6)	52(46.8)	163(53.1)	
	계	196(100.0)	111(100.0)	307(100.0)	

〈표 4-27〉에서와 같이 범행의 계획성 여부와 범행지역 지형지물 숙지정도, 범행 후 도주용이성 여부, 범행 후 도주거리와 범행지역 주변의 도피처 유무 등을 살펴본 결과 범행지역 지형지물 숙지정도와 범행지역 주변의 도피처 유무를 제외하고 통계적으로 유의미한 차이가 있는 것으로 나타났다.

범행지역 지형지물 숙지정도의 중요도에서는 우발범은 '중요하다'가 44.9%, 계획범은 '중요하다'가 56.4%로 우발범보다 계획범이 범행지역

지형지물 숙지정도를 상대적으로 중요하게 고려하는 것으로 나타났다.

범행 후 도주용이성 여부, 범행 후 도주거리와 범행지역 주변의 도피처 유무에 대한 고려정도에서도 우발범의 경우 각각 57.3%, 46.7%, 43.4%가 중요하게 고려하고 있는 반면 계획범의 경우는 71.8%, 66.4%, 53.2%가 중요하게 고려하고 있어 범행지역 지형지물 숙지정도와 마찬가지로 계획범이 우발범보다 더욱 중요하게 고려하고 있는 것으로 나타났다.

따라서 도주 시 고려하는 요인에 대한 빈도분석과 각 변인 간의 관계를 요약하면 도주 시 고려하는 요인에서 범행 후 도주용이성 여부를 상대적으로 중요한 요인으로 고려하고 있음을 알 수 있다. 연령, 학력, 공범수에 따른 도주 시 고려하는 요인의 중요도에는 차이가 없지만 범행경력, 혼인상태와 범행의 계획성 여부에 따라서 범행 시 고려하는 요인의 중요도에 차이를 보이고 있다. 즉, 재범자가 초범자보다 범행 후 도주거리를 보다 중요하게 고려하며, 기혼자는 미혼자보다 범행지역 지형지물 숙지정도를 보다 중요하게 고려하는 것으로 나타났다. 그리고 계획범의 경우 우발범보다 범행지역 지형지물 숙지정도, 범행 후 도주용이성 여부, 범행 후 도주거리를 보다 중요하게 고려하는 것으로 나타났다.

〈표 4-28〉은 도주를 위해 고려하는 요인과 각 변인 간의 상관관계를 나타낸 것이다. 도주를 위해 고려하는 요인 가운데 범행지역 지형지물 숙지정도, 범행 후 도주용이성 여부, 범행 후 도주거리, 범행지역 주변의 도피처 유무와 각 변인 간의 상관관계를 살펴보면 범행지역 지형지물 숙지정도는 혼인상태, 범행경력의 순으로 상관관계가 높은 것으로 나타났

다. 범행 후 도주용이성 여부와 각 변인 간의 상관관계는 범행의 계획성
여부가 상관관계가 있는 것으로 나타났으며, 범행 후 도주거리는 범행의
계획성 여부, 범행경력 순으로 상관관계가 있음을 알 수 있다.

〈표 4-28〉 도주를 위해 고려하는 요인과 각 변인 간의 상관관계

구 분	연 령	학 력	범행 경력	공범수	혼인 상태	계획 여부	지형지물 숙지	도주 용이성	도주 거리	도피처 유무
연 령	1.0000									
학 력	.0339	1.0000								
범행경력	.0625	-.0843	1.0000							
공 범 수	-.2419**	-.0897	.2339**	1.0000						
혼인상태	.5706**	.0629	.1945**	-.0053	1.0000					
계획 여부	-.0751	-.0640	.1878**	.2498**	.0620	1.0000				
지형지물숙지	.0823	.0723	.1583*	.0429	.2079**	.1211	1.0000			
도주용이성	-.0655	.0728	-.0082	.0324	-.0066	.1858**	.4241**	1.0000		
도주거리	.0474	-.0697	.1691*	.0727	.1052*	.2008**	.4359**	.5176**	1.0000	
도피처유무	-.0282	.0494	.0410	.0455	.0709	.1049	.3469**	.5152**	.5120**	1.0000

*-.01　**-.001

　한편 도주를 위해 고려하는 요인에 대해 미치는 영향을 살펴보기 위
하여 도주를 위해 고려하는 네 가지 요인을 종속변인으로 하여 로짓회
귀분석하였을 때(단계는 Enter방식 이용) 그 결과는 〈표 4-29〉와 같다.

〈표 4-29〉 도주를 위해 고려하는 요인과 각 변인에 대한 로짓회귀분석

STEP/ENTER	지형지물 숙지		도주용이성 여부		도주거리		도피처 유무	
	계수	P	계수	P	계수	P	계수	P
연　령	.3447	.2401	.3453	.2553	.3856	.1877	.2434	.4026
학　력	.4349	.0778	.3252	.2033	-.1757	.4756	.0071	.9768
범행경력	.3459	.1687	-.2383	.3656	.4236	.0932	.1523	.5418
공 범 수	.0313	.9056	-.3391	.2188	-.2007	.4519	-.3697	.1622
혼인상태	.7152	.0181*	.0214	.9448	.4074	.1779	.5901	.0481*
계획 여부	.3999	.1197	.8407	.0026**	.7147	.0065*	.5027	.0499*
상　수	-.9138	.0019	.1740	.5460	-.4111	.1492	-.5175	.0687
-2LOG LIKELIHOOD X^2 P	393.783 15.143 .0192**		368.890 14.042 .0292*		389.344 16.865 .0098*		397.671 10.062 .1221	

$^*P<.05$　　$^{**}P<.01$

　도주를 위해 고려하는 요인 가운데 범행지역 지형지물 숙지정도의 로짓회귀분석결과 혼인상태가 영향을 미치는 것으로 나타났으나 범행의 계획성 여부는 〈표 4-27〉의 교차분석결과와는 달리 영향을 미치지 않는 것으로 나타났다. 따라서 혼인상태가 도주를 위해 고려하는 요인 가운데 범행지역 지형지물 숙지정도에 영향을 미치고 있다. 모델의 적합도를 보면 -2로그우도는 393.783이며, 모델카이자승값은 15.143으로서 $P<.05$의 수준에서 통계적으로 유의미하다. 따라서 도주를 위해 고려하는 요인 가운데 범행지역 지형지물 숙지정도에 대한 개별변인의 영향은 한 변인이 통계적으로 유의미한 영향을 미친다. 이는 혼인상태이며 관계의 방향을 살펴보면 기혼자가 미혼자보다 도주를 위해 고려하는 요인 가운데 범행지역 지형지물 숙지정도를 보다 중요하게 고려한다고 할 수 있다.

범행 후 도주용이성 여부에 대한 로짓회귀분석에서 범행의 계획성 여부만이 영향을 미치는 것으로 나타났으며 〈표 4-27〉의 교차분석결과와도 일치하고 있다. 모델의 적합도를 보면 -2로그우도는 368.890이며, 모델카이자승값은 14.042로서 P〈.05의 수준에서 통계적으로 유의미하다. 따라서 도주를 위해 고려하는 요인 가운데 범행 후 도주용이성 여부에 대한 개별변인의 영향은 한 변인이 통계적으로 유의미한 영향을 미친다. 이는 범행의 계획성 여부이며 관계의 방향을 살펴보면 계획범이 우발범보다 도주를 위해 고려하는 요인 가운데 범행 후 도주용이성 여부에 대하여 더욱 중요하게 고려한다고 할 수 있다.

다음으로 범행 후 도주거리에 대한 로짓회귀분석에서 범행의 계획성 여부가 영향을 미치는 것으로 나타났으며, 이것은 〈표 4-25〉의 교차분석결과와는 달리 범행경력과는 별다른 영향을 미치지 않는 것으로 나타났다. 따라서 범행의 계획성 여부가 도주를 위해 고려하는 요인 가운데 범행 후 도주거리에 영향을 미친다고 할 수 있다. 모델의 적합도를 보면 -2로그우도는 389.344이며, 모델카이자승값은 16.865로서 P〈.01의 수준에서 통계적으로 유의미하다. 따라서 도주를 위해 고려하는 요인 가운데 범행 후 도주거리에 대한 개별변인의 영향은 한 변인이 통계적으로 유의미한 영향을 미친다고 할 수 있다. 이는 범행의 계획성 여부이며 관계의 방향을 살펴보면 우발범보다 계획범이 범행 후 도주거리를 도주를 위해 고려하는 요인으로 보다 중요하게 생각한다고 할 수 있다.

마지막으로 범행지역 주변의 도피처 유무에 대한 로짓회귀분석에서 혼인상태, 범행의 계획성 여부가 앞의 분석과는 달리 약간의 영향을 미치는 것으로 나타났다. 따라서 혼인상태, 범행의 계획성 여부가 도주를 위해 고려하는 요인 가운데 범행 후 도피처 유무에 영향을 미친다고 할 수 있다. 그러나 이 모델의 적합도를 보면 -2로그우도는 397.671이며, 모델카이자승값은 10.062로 유의미하지 않은 것으로 나타났다. 따라서 도주를 위해 고려하는 요인 가운데 범행 후 도피처 유무에 대한 개별변인이 영향을 미치지 않는다고 할 수 있다.

따라서 로짓회귀분석을 종합하면 주거침입절도범은 도주를 위해 고려하는 요인 가운데 연령, 학력, 범행경력, 공범수 등에 따른 차이는 없으며, 기혼자가 미혼자보다 도주를 위해 범행지역 지형지물 숙지정도를 보다 중요하게 고려하며, 계획범이 우발범보다 범행 후 도주용이성 여부, 범행 후 도주거리를 보다 중요하게 고려한다고 할 수 있다.

이상의 도주를 위해 고려하는 요인에 대한 각 변인과의 로짓회귀분석과 앞에서 분석한 여러 분석을 종합해 보면 가설 7, 8, 9, 19, 20, 21에 대해 다음과 같이 검증할 수 있다.

〈가설 7〉 연령이 높을수록 도주를 위해 고려하는 요인을 더욱 중시한다.

위의 분석을 종합해 볼 때 범행 시 도주를 위해 고려하는 네 가지 세부 지표에 대해 유의미한 것이 하나도 없으므로 연령이 높을수록 도주를 위해 고려하는 요인을 더욱 중시한다라는 〈가설 7〉은 기각할 수 있다.

〈가설 8〉 교육수준이 높을수록 도주를 위해 고려하는 요인을 더욱 중시한다.

위의 분석을 종합해 볼 때 범행 시 도주를 위해 고려하는 네 가지 세부 지표에 대해 유의미한 것이 하나도 없으므로 교육수준이 높을수록 도주를 위해 고려하는 요인을 더욱 중시한다라는 〈가설 8〉은 기각할 수 있다.

〈가설 9〉 기혼자가 미혼자보다 도주를 위해 고려하는 요인을 더욱 중시한다.

위의 분석을 종합해 볼 때 범행 시 도주를 위해 고려하는 네 가지 세부 지표에 대해 범행지역 지형지물 숙지정도만이 유의미한 것으로 나타나 기혼자가 미혼자보다 도주를 위해 고려하는 요인을 더욱 중시한다라는 〈가설 8〉은 기각할 수 있다.

〈가설 19〉 범행경력이 많을수록 도주를 위해 고려하는 요인을 더욱 중시한다.

위의 분석을 종합해 볼 때 범행 시 도주를 위해 고려하는 네 가지 세부 지표에 대해 유의미한 것이 하나도 없으므로 범행경력이 많을수록 도주를 위해 고려하는 요인을 더욱 중시한다라는 〈가설 19〉는 기각할 수 있다.

〈가설 20〉 공범수가 많을수록 도주를 위해 고려하는 요인을 더욱 중시한다.

위의 분석을 종합해 볼 때 범행 시 도주를 위해 고려하는 네 가지 세부 지표에 대해 유의미한 것이 하나도 없으므로 공범수가 많을수록 도주를 위해 고려하는 요인을 더욱 중시한다라는 〈가설 20〉은 기각할 수 있다.

〈가설 21〉 계획범이 우발범보다 도주를 위해 고려하는 요인을 더욱 중시한다.

위의 분석을 종합해 볼 때 범행 시 도주를 위해 고려하는 네 가지 세부 지표에 대해 범행 후 도주용이성 여부와 범행 후 도주거리에서 유의미하게 나타나 계획범이 우발범보다 도주를 위해 고려하는 요인을 더욱 중시한다라는 〈가설 21〉은 채택할 수 있다.

따라서 도주를 위해 고려하는 요인에 대한 가설검증결과 범행의 계획성 여부가 다른 변인보다 상대적으로 많은 영향을 미치는 것으로 나타났다.

4. 감시를 피하기 위해 고려하는 요인과 중요도

주거침입절도범이 범행 시 범행대상이나 범행지역 주변의 감시상황을 주위건물의 점등 여부, 이웃감시 여부, 폐쇄회로TV(CCTV)의 설치 유무, 범행전후 통행인 유무, 범행전후 순찰차량 목격 여부로 나누어 고찰한 바 〈표 4-30〉과 같다.

<표 4-30> 감시를 피하기 위해 고려하는 요인과 중요도

단위: 명(%)

구 분 중요도	주위건물의 점등 여부	이웃감시 여부	폐쇄회로 TV(CCTV) 설치유무	범행전후 통행인 유무	범행전후 순찰차량 목격 여부
매우 중요하다	71(23.3)	48(15.6)	83(27.6)	56(18.2)	92(29.9)
중요한 편이다	85(27.9)	122(39.6)	86(28.6)	108(35.2)	90(29.2)
중요하지 않은 편이다	99(32.5)	86(27.9)	77(25.6)	85(27.7)	74(24.0)
거의 중요하지 않다	50(16.4)	52(16.9)	55(18.3)	58(18.9)	52(16.9)
계	305(100.0)	308(100.0)	301(100.0)	307(100.0)	308(100.0)

즉, 범행전후 순찰차량 목격 여부의 고려정도는 '중요하다'가 59.1%, '중요하지 않다'가 40.9%로 나타났다. 또한 범행 시 폐쇄회로 TV(CCTV) 설치유무의 고려정도는 '중요하다'가 56.2%, '중요하지 않다'가 43.9%로 나타났다. 따라서 범인들이 범행지역을 선택할 때 주택가에 폐쇄회로TV(CCTV) 등이 설치된 곳이나 범행전후에 순찰차량 등을 목격했을 때 주저하고 있음을 짐작할 수 있다.

윌슨(O. W. Wilson)이 지적[21]한 바와 같이 경찰의 순찰은 범죄자의 범행욕구를 직접적으로 감소시킬 수는 없을지라도 성공적인 범행기회의 제거와 범죄를 낳는 환경을 조기에 발견할 수 있고, 범죄자를 현장에서 바로 체포하여 도난품을 즉시 되찾을 수 있고, 이 밖에도 24시간 순찰을 통하여 다양한 비범죄적 서비스의 제공에도 유리하다. 이처럼 경찰의 순찰이 주거침입절도를 비롯한 범죄의 조기발견과 범죄방지에

---

21) O. W. Wilson and Roy Clinton Mclaren, *Police Administration*, 4th ed.(New York: McGraw-Hill Book Company, 1977), pp. 320~321.

얼마나 중요한지를 단적으로 나타내준 결과라고 할 수 있다.

그리고 범행 시 이웃감시 여부의 고려정도에서도 '중요하다'가 55.2%, '중요하지 않다'가 44.8%로 범행 시 중시하는 요소로 나타났다. 그러나 범행전후 통행인 유무의 고려정도는 '중요하다'가 53.4%, '중요하지 않다'가 46.6%로 그다지 중시하지 않는 것으로 나타나 주민들의 낯선 사람에 대한 감시가 부족하고 남의 일에 무관심한 현 세태를 잘 반영해 주는 것으로 보여진다. 또한 범행 시 주위건물의 점등 여부의 고려정도는 '중요하다'가 51.2%, '중요하지 않다'가 48.9%로 별로 중시하지 않는 요인으로 응답하고 있다.

1) 연령과 감시를 피하기 위해 고려하는 요인의 중요도

연령과 감시를 피하기 위해 고려하는 이웃감시 여부와 범행전후 통행인 유무와의 관계는 〈표 4-31〉과 같다.

〈표 4-31〉 연령과 감시를 피하기 위해 고려하는 요인의 중요도

단위: 명(%)

구 분	중요도 \ 연령	25세 이하	26세 이상	계
이웃감시 여부	중요하다	76(58.9)	91(52.9)	167(55.5)
	중요하지 않다	53(41.1)	81(47.1)	134(44.5)
	계	129(100.0)	172(100.0)	301(100.0)
범행전후 통행인 유무	중요하다	74(57.4)	86(50.3)	160(53.3)
	중요하지 않다	55(42.6)	85(49.7)	140(46.7)
	계	129(100.0)	171(100.0)	300(100.0)

25세 이하에서는 이웃감시 여부나 범행전후 통행인 유무를 중요하다고 생각하는 것이 각각 58.9%, 57.4%이며, 26세 이상의 연령에서는 각각 52.9%, 50.3%로 연령이 낮은 층이 연령이 높은 층보다 다소 중시하는 것으로 나타났으나 통계적으로 유의미한 차이는 없다.

표로 제시하지는 않았지만 감시를 피하기 위해 고려하는 요인 가운데 주위건물의 점등 여부, 폐쇄회로TV(CCTV) 설치유무, 범행전후 순찰차량 목격 여부 모두에 연령에 따른 차이가 거의 없으며 통계적으로도 유의미한 차이가 없었다.

2) 학력과 감시를 피하기 위해 고려하는 요인의 중요도

학력과 감시를 피하기 위해 고려하는 요인의 중요도를 보면 〈표 4-32〉에서와 같이 범행 시 주위건물의 점등 여부를 '중요하다'고 생각하는 것이 중졸 이하의 학력자는 54.7%이며, 고입 이상의 학력자는 47.7%로 중졸 이하의 학력이 낮은 층이 고입 이상의 학력이 높은 층보다 주위건물의 점등 여부를 중요하게 생각하는 것으로 나타났으나 통계적으로 유의미한 차이는 없다.

〈표 4-32〉 학력과 주위건물 점등 여부에 대한 고려정도

단위: 명(%)

학력 주위건물의 점등 여부	중졸 이하	고입 이상	계
중요하다	82(54.7)	74(47.7)	156(51.1)
중요하지 않다	68(45.3)	81(52.3)	149(48.9)
계	150(100.0)	155(100.0)	305(100.0)

표로 제시하지는 않았지만 감시를 피하기 위해 고려하는 요인 가운데 이웃감시 여부, 폐쇄회로TV(CCTV) 설치유무, 범행전후 순찰차량 목격 여부 모두에 학력에 따른 차이가 거의 없으며 통계적으로도 유의미한 차이가 없었다.

3) 범행경력과 감시를 피하기 위해 고려하는 요인의 중요도

〈표 4-33〉 범행경력과 주위건물 점등 여부에 대한 고려정도

단위: 명(%)

범행경력 주위건물의 점등 여부	초 범	2범 이상	계
중요하다	77(45.0)	78(60.5)	155(51.7)
중요하지 않다	94(55.0)	51(39.5)	145(48.3)
계	171(100.0)	129(100.0)	300(100.0)

$(X^2 = 7.02$ 자유도 $= 1$ P$<.01)$

〈표 4-33〉에서와 같이 범행경력과 범행 시 주위건물의 점등 여부에 대한 고려정도를 보면 초범은 45.0%가 중요하다고 생각하며, 2범 이상의 재범자는 60.5%가 중요하다고 생각해, 2범 이상의 재범자가 초범보다 범행 시 주위건물의 점등 여부에 대해서 중시하고 있는 것으로 나타났으며, 이러한 결과는 P<.05의 수준에서 통계적으로도 유의미한 차이를 보이고 있다.

표로 제시하지는 않았지만 감시를 피하기 위해 고려하는 요인 가운데 이웃감시 여부, 폐쇄회로TV(CCTV) 설치유무, 범행전후 순찰차량 목격 여부 모두에 범행경력에 따른 차이가 거의 없으며 통계적으로도

유의미한 차이가 없었다.

4) 공범수와 감시를 피하기 위해 고려하는 요인의 중요도

〈표 4-34〉 공범수와 감시를 피하기 위해 고려하는 요인의 중요도

단위: 명(%)

구 분	공범 수 중요도	1 명	2명 이상	계
주위건물의 점등 여부	중요하다	95(54.6)	61(46.9)	156(51.3)
	중요하지 않다	79(45.4)	69(53.1)	148(48.7)
	계	174(100.0)	130(100.0)	304(100.0)
이웃감시 여부	중요하다	91(51.4)	78(60.0)	169(55.0)
	중요하지 않다	86(48.6)	52(40.0)	138(45.0)
	계	177(100.0)	130(100.0)	307(100.0)
범행전후 통행인 유무	중요하다	89(50.6)	75(57.7)	164(53.6)
	중요하지 않다	87(49.4)	55(42.3)	142(46.4)
	계	176(100.0)	130(100.0)	306(100.0)
범행전후 순찰차량 목격 여부	중요하다	99(55.9)	83(63.8)	182(59.3)
	중요하지 않다	78(44.1)	47(36.2)	125(40.7)
	계	177(100.0)	130(100.0)	307(100.0)

〈표 4-34〉에서와 같이 공범수와 감시를 피하기 위해 고려하는 요인의 중요도를 보면 단독범일 경우 주위건물의 점등 여부를 중요하게 생각하는 비율이 54.6%이며, 2명 이상 공범이 있을 경우 46.9%로 단독범이 2명 이상의 공범자보다 주위건물의 점등 여부를 더 고려하는 것으로 나타났다. 이것은 2명 이상의 공범자들은 단독범보다 주위의 감시상

황을 잘 살필 수 있기 때문인 것으로 생각할 수 있지만 통계적으로 유의미한 차이는 없다.

또한 통계적으로 유의미한 차이는 없지만 공범수와 감시를 피하기 위해 고려하는 요인의 중요도 가운데 이웃감시 여부를 보면 단독범일 경우 중요하게 생각하는 비율이 51.4%이며, 2명 이상 공범이 있을 경우 60.0%로 2명 이상의 공범자가 단독범보다 이웃감시 여부를 더 중요하게 생각하는 것으로 나타났다. 이것은 주위선물의 점등 여부와 반대되는 분포인데 2명 이상의 공범자가 단독범보다 범행 시 이웃감시상황에 더 잘 띄기 때문인 것으로 생각된다.

공범수와 감시를 피하기 위해 고려하는 요인의 중요도 중에서 범행전후 통행인 유무를 보면 단독범의 경우 50.6%가 중요하게 생각하며, 2명 이상 공범이 있을 경우 57.7%가 중요하다고 생각해 2명 이상의 공범이 단독범보다 범행전후 통행인 유무를 중요하다고 생각하는 것으로 나타났다. 이것은 이웃감시 여부에서 나타난 것처럼 2명 이상의 공범이 단독범보다 사람들의 눈에 잘 띄기 때문인 것으로 생각되지만 이것 역시 통계적으로 유의미한 차이는 없다.

끝으로 공범수와 감시를 피하기 위해 고려하는 요인의 중요도 중에서 범행전후 순찰차량 목격 여부에 대한 중요도는 단독범의 55.9%가 중요하다고 생각했으며, 2명 이상 공범자의 63.8%가 중요하다고 생각해 2명 이상의 공범자가 단독범보다 범행전후 순찰차량 목격 여부를 중요하게 생각하는 것으로 나타났다. 이것은 이웃감시 여부나 범행전후 통행인 유무와 마찬가지로 2명의 공범자가 단독범보다 순찰차량에 잘 띄기 때문인 것으로 생각되지만 통계적인 유의미한 차이는 없었다.

표로 제시하지는 않았지만 감시를 피하기 위해 고려하는 요인 가운데 폐쇄회로TV(CCTV) 설치유무는 공범수에 따른 차이가 거의 없으며 통계적으로도 유의미한 차이가 없었다.

5) 혼인상태와 감시를 피하기 위해 고려하는 요인의 중요도

〈표 4-35〉 혼인상태와 감시를 피하기 위해 고려하는 요인의 중요도

단위: 명(%)

구 분	혼인상태 중 요 도	미 혼	결 혼	계
폐쇄회로TV (CCTV) 설치유무	중요하다	111(53.1)	57(62.6)	168(56.0)
	중요하지 않다	98(46.9)	34(37.4)	132(44.0)
	계	209(100.0)	91(100.0)	300(100.0)
범행전후 통행인 유무	중요하다	119(55.9)	45(48.4)	164(53.6)
	중요하지 않다	94(44.1)	48(51.6)	142(46.4)
	계	213(100.0)	93(100.0)	306(100.0)

〈표 4-35〉에서와 같이 통계적으로 유의미한 차이는 없지만 혼인상태와 감시를 피하기 위해 고려하는 요인의 중요도 가운데 폐쇄회로TV(CCTV) 설치유무를 보면 미혼자의 53.1%와 기혼자의 62.6%가 중요한 것으로 생각해 미혼자보다 기혼자가 더욱 중요하게 생각하는 것으로 나타났다.

혼인상태와 감시를 피하기 위해 고려하는 요인 중에서 범행전후 통행인 유무를 보면 미혼자의 55.9%와 기혼자의 48.4%가 중요한 것으로 생각해 기혼자보다 미혼자가 범행전후의 통행인 유무를 더 중시하는 것으로 나타났으나 통계적으로 유의미한 차이는 없다.

표로 제시하지는 않았지만 감시를 피하기 위해 고려하는 요인 가운

데 주위건물의 점등 여부, 이웃감시 여부, 범행전후 순찰차량 목격 여부에 혼인상태에 따른 차이는 거의 없으며 통계적으로도 유의미한 차이가 없었다.

6) 범행의 계획성 여부와 감시를 피하기 위해 고려하는 요인의 중요도

범행의 계획성 여부와 주위건물의 점등 여부, 이웃감시 여부, 폐쇄회로TV(CCTV)의 설치유무, 범행전후 통행인 유무, 범행전후 순찰차량 목격 여부의 고려정도를 살펴본 결과 〈표 4-36〉과 같이 모두 통계적으로 유의미한 차이는 없는 것으로 나타났다.

〈표 4-36〉 범행의 계획성 여부와 감시를 피하기 위해 고려하는
요인의 중요도

단위: 명(%)

구 분	범행의 계획성 여부 / 중요도	우발적	계획적	계
이웃감시 여부	중요하다	104(53.1)	66(59.5)	170(55.4)
	중요하지 않다	92(46.9)	45(40.5)	137(44.6)
	계	196(100.0)	111(100.0)	307(100.0)
폐쇄회로TV (CCTV) 설치유무	중요하다	101(53.2)	67(60.9)	168(56.0)
	중요하지 않다	89(46.8)	43(39.1)	132(44.0)
	계	190(100.0)	110(100.0)	300(100.0)
범행전후 통행인 유무	중요하다	98(50.3)	65(58.6)	163(53.3)
	중요하지 않다	97(49.7)	46(41.4)	143(46.7)
	계	195(100.0)	111(100.0)	306(100.0)

이웃감시 여부, 폐쇄회로TV(CCTV)의 설치유무, 범행전후 통행인 유무의 고려정도에서 우발범의 경우 각각 53.1%, 53.2%, 50.3%를 중요하게 고려하고 있는 반면 계획범의 경우는 각각 59.5%, 60.9%, 58.6%를 중요하게 고려하고 있어 계획범이 우발범보다 감시상황을 중요하게 고려하고 있는 것으로 나타났다.

표로 제시하지는 않았지만 감시를 피하기 위해 고려하는 요인 가운데 주위건물의 점등 여부, 범행전후 순찰차량 목격 여부와 범행의 계획성 여부와의 교차분석결과는 거의 차이가 없으며 통계적으로도 유의미한 차이가 없었다.

따라서 감시를 피하기 위해 고려하는 요인에 대한 빈도분석과 각 변인 간의 관계를 요약하면 범행전후 순찰차량 목격 여부와 폐쇄회로TV(CCTV) 설치유무와 이웃감시 여부를 상대적으로 더 중시하고 있음을 알 수 있다.

연령, 학력, 공범수, 혼인상태, 범행의 계획성 여부에 따라 감시를 피하기 위해 고려하는 요인의 중요도에 차이는 없지만 범행경력에 따라서는 중요하게 고려하는 데 차이가 있다. 즉, 2범 이상의 재범자가 초범자보다 감시를 피하기 위해 고려하는 요인 가운데 주위건물의 점등 여부를 보다 중요하게 고려하는 것으로 나타났다.

〈표 4-37〉은 감시를 피하기 위해 고려하는 요인과 각 변인 간의 상관관계를 나타낸 것이다. 감시를 피하기 위해 고려하는 요인 가운데 주위건물의 점등 여부, 이웃감시 여부, 폐쇄회로TV(CCTV)의 설치유무, 범행전후 통행인 유무, 범행전후 순찰차량 목격 여부와 각 변인 간의

상관관계를 살펴보면, 공범수와 주위건물 점등 여부나 이웃감시 여부, 그리고 혼인상태와 범행전후 순찰차량 목격 여부를 제외하고는 유의미한 상관관계를 가지지 못함을 볼 수 있다.

<표 4-37> 감시를 피하기 위해 고려하는 요인과
각 변인 간의 상관관계

구 분	연 령	학 력	범행경력	공범수	혼인상태	계획여부	점등여부	이웃감시	CCTV설치	통행인유무	순찰차량
연 령	1.0000										
학 력	.0416	1.0000									
범행경력	.0967	-.0965	1.0000								
공 범 수	-.2355**	-.0856	.2418**	1.0000							
혼인상태	.5614**	.0806	.2190**	.0080	1.0000						
계획 여부	-.0564	-.0758	.1932**	.2625**	.0828	1.0000					
점등 여부	-.0199	-.0769	.1342	-.0281**	.0749	.0627	1.0000				
이웃감시	-.0766	.0332	.0622	.0101*	.0067	.0840	.3629**	1.0000			
CCTV설치	-.0281	.0354	.0516	.0226	.0535	.0326	.3625**	.4036**	1.0000		
통행인유무	-.0744	.0201	.0728	.0882	-.0662	.0282	.2914**	.4423**	.4573**	1.0000	
순찰차량	-.0378	.0227	-.0252	.0374	-.0249*	-.0059	.3176**	.3930**	.3930**	.4870**	1.0000

*-.01 **-.001

한편 감시를 피하기 위해 고려하는 요인에 미치는 영향을 살펴보기 위하여 감시를 피하기 위한 다섯 가지 지표를 종속변인으로 하여 로짓회귀분석하였을 때(단계는 Enter방식 이용) 그 분석결과는 <표 4-38>과 같다.

감시를 피하기 위해 고려하는 요인 가운데 주위건물의 점등 여부에 대한 로짓회귀분석결과 범행경력, 공범수가 영향을 미치는 것으로 나타났다. 이것은 앞의 분석과는 달리 공범수가 주위건물의 점등 여부에 영향을 미치는 것으로 나타난 것이며 부의 영향을 미치고 있다. 따라서 범행경력과 공범수가 감시를 피하기 위해 고려하는 요인 가운데 주위건물의 점등 여부에 영향을 미친다고 할 수 있다. 모델의 적합도를 살펴보면 -2로그우도는 391.211이며, 모델카이자승값은 13.368로서 p<.05의 수준에서 통계적으로 유의미하다. 따라서 감시를 피하기 위해 고려하는 요인 가운데 주위건물의 점등 여부에 대한 개별변인의 영향은 두 변인이 통계적으로 유의미한 영향을 미친다. 이는 범행경력과 공범수이며 관계의 방향을 살펴보면 범행경력이 많거나, 공범수가 적을 경우에 감시를 피하기 위해 고려하는 요인 가운데 주위건물의 점등 여부를 중요하게 고려한다고 할 수 있다.

〈표 4-38〉 감시를 피하기 위해 고려하는 요인과 각 변인에 대한
로짓회귀분석

STEP/ENTER	주위건물 점등 여부		이웃감시 여부		CCTV 설치유무		통행인 유무		순찰차량 목격 여부	
	계수	P	계수	P	계수	P	계수	P	계수	P
연　령	.2748	.3494	.1971	.4927	.0825	.7750	.1315	.6462	.0590	.8387
학　력	-.1901	.4389	.1983	.4123	-.1767	.4707	.1998	.4087	-.1523	.5325
범행경력	.6718	.0085**	.0927	.7088	.2166	.3901	.0068	.9782	-.1896	.4500
공 범 수	-.6012	.0251*	.2780	.2865	-.0131	.9606	.2142	.4105	.3234	.2223
혼인상태	.3935	.1906	.1444	.6251	.4217	.1632	-.2447	.4078	.1460	.6249
계획 여부	-.0591	.8193	.1078	.6725	.1417	.5837	.2516	.3239	-.0641	.8035
상　수	-.1084	.7027	-.2069	.4586	.0313	.9119	-.1374	.6221	.3603	.2010
-2LOG LIKELIHOOD	391.211		402.089		391.607		402.044		395.965	
X^2	13.368		3.605		4.783		4.424		2.677	
P	.0376*		.7300		.5720		.6195		.8481	

*P<.05　　**P<.01

감시를 피하기 위해 고려하는 요인 가운데 주위건물의 점등 여부를 제외한 이웃감시 여부, 폐쇄회로TV(CCTV) 설치유무, 범행전후 통행인 유무, 범행전후 순찰차량 목격 여부에 대한 로짓회귀분석결과 연령, 학력, 범행경력, 공범수, 혼인상태, 범행의 계획성 여부 모두 영향을 미치지 않는 것으로 나타났다. 이것은 앞의 교차분석과도 일치한다. 네 가지 세부 지표와 개별변인 간의 로짓회귀분석의 모델카이자승값은 각각 3.605, 4.783, 4.424, 2.677로서 통계적으로 유의미하지 않은 것으로 나타났다.

따라서 로짓회귀분석을 종합하면 주거침입절도범은 감시를 피하기 위해 고려하는 요인 가운데 범행경력이 많거나 공범수가 적을 경우 주위건물의 점등 여부를 중요하게 고려하고 있다고 할 수 있다.

이상의 감시를 피하기 위해 고려하는 요인에 대한 각 변인과의 로짓회귀분석과 앞의 여러 분석을 종합해 보면 가설 10, 11, 12, 22, 23, 24에 대해 다음과 같이 검증할 수 있다.

〈가설 10〉 연령이 높을수록 감시를 피하기 위해 고려하는 요인을 더욱 중시한다.

위의 분석을 종합해 볼 때 범행 시 감시를 피하기 위해 고려하는 다섯 가지 세부 지표에 대해 유의미한 것이 하나도 없으므로 연령이 높을수록 감시를 피하기 위해 고려하는 요인을 더욱 중시한다는 〈가설 10〉은 기각할 수 있다.

〈가설 11〉 교육수준이 높을수록 감시를 피하기 위해 고려하는 요인을 더욱 중시한다.

위의 분석을 종합해 볼 때 범행 시 감시를 피하기 위해 고려하는 다섯 가지 세부 지표에 대해 유의미한 것이 하나도 없으므로 교육수준이 높을수록 감시를 피하기 위해 고려하는 요인을 더욱 중시한다는 〈가설 11〉은 기각할 수 있다.

〈가설 12〉 기혼자가 미혼자보다 감시를 피하기 위해 고려하는 요인을 더욱 중시한다.

위의 분석을 종합해 볼 때 범행 시 감시를 피하기 위해 고려하는 다섯 가지 세부 지표에 대해 유의미한 것이 하나도 없으므로 기혼자가 미혼자보다 감시를 피하기 위해 고려하는 요인을 더욱 중시한다는 〈가설 12〉는 기각할 수 있다.

〈가설 22〉 범행경력이 많을수록 감시를 피하기 위해 고려하는 요인을 더욱 중시한다.

위의 분석을 종합해 볼 때 범행 시 감시를 피하기 위해 고려하는 다섯 가지 세부 지표에 대해 주위건물의 점등 여부만이 유의미하기 때문에 범행경력이 많을수록 감시를 피하기 위해 고려하는 요인을 더욱 중시한다는 〈가설 22〉는 기각할 수 있다.

〈가설 23〉 공범수가 많을수록 범행 시 감시를 피하기 위해 고려하는 요인을 더욱 중시한다.

위의 분석을 종합해 볼 때 범행 시 감시를 피하기 위해 고려하는 다섯 가지 세부 지표에 대해 유의미한 것이 하나도 없으므로 공범수가 많을수록 감시를 피하기 위해 고려하는 요인을 더욱 중시한다는 〈가설

23)은 기각할 수 있다.

〈가설 24〉 계획범이 우발범보다 감시를 피하기 위해 고려하는 요인을 더욱 중시한다.

위의 분석을 종합해 볼 때 범행 시 감시를 피하기 위해 고려하는 다섯 가지 세부 지표에 대해 유의미한 것이 하나도 없으므로 계획범이 우발범보나 감시를 피하기 위해 고려하는 요인을 더욱 중시힌다는 〈가설 24〉는 기각할 수 있다.

따라서 가설을 검증해 본 결과 감시를 피하기 위해 고려하는 요인에 대해 개별변인에 따른 차이는 없다고 할 수 있다.

제4절 분석결과의 요약 및 논의

1. 분석결과의 요약

연구의 목적에서 제기한 주거침입절도범이 범행 시 중시하는 요인이 무엇인지를 밝혀 주거단지에서의 범죄예방대책 수립 시 고려해야 하는 환경적인 요인을 도출하고자 하였다. 이를 위해 주거침입절도범이 범행 시 중시하는 요인에 대한 빈도분석, 교차분석, 상관관계분석과 로짓회귀분석을 해 본 결과들을 요약·정리하면 다음과 같다.

첫째로 주거침입절도범이 범행 시 고려하는 목표물의 가치, 접근용이성, 도주용이성과 감시성 등 네 가지 요인의 중요도에 대한 빈도분석결과 〈표 4-3〉과 같이 32.8%가 범행 시 감시받지 않는 곳을 선택하고, 31.5%는 쉽게 접근할 수 있는 곳을 선택한다고 응답하였다. 따라서 주거침입절도범들이 범행 시 목표물의 가치(15.6%)나 도주용이성(20.2%)보다 감시성이나 접근용이성을 중시하고 있는 것으로 나타났다.

둘째로 주거침입절도범이 목표물선택 시 고려하는 요인의 중요도는 〈표 4-4〉에서 본 바와 같이 범행지역의 생활수준(45.6%), 목표물의 이용가치(52.9%)와 피해자의 저항능력(53.1%)보다 목표물의 경제적 가치(60.4%)와 목표물처분의 용이성(59.1%)을 상대적으로 더 중요한 요인으로 고려하였다.

그리고 연령, 학력, 범행경력, 공범수, 혼인상태 및 범행의 계획성 등 개별변인과 목표물선택 시 고려하는 요인과의 관계를 보면 〈표 4-39〉에서와 같이 연령이 높을수록 피해자의 저항능력을 더욱 중요하게 고려하며, 학력이 높을수록 범행지역의 생활수준과 피해자의 저항능력을 더욱 중시하였다. 범행경력은 많을수록 목표물의 경제적 가치를 중요하게 고려하며, 기혼자가 미혼자보다 목표물처분의 용이성을 중요하게 고려하였다. 또한 계획범이 우발범보다 목표물의 경제적 가치, 범행지역의 생활수준, 목표물처분의 용이성을 더욱 중시하였다.

셋째로 주거침입절도범이 목표물접근 시 고려하는 요인의 중요도는 〈표 4-13〉과 같이 대문의 개폐 여부(51.5%), 출입가능한 창문 등의 개폐 여부(50.0%)나 울타리나 담의 높낮이(43.8%)를 고려하기보다는 방범초소나 경비초소의 유무(57.7%) 또는 방범견·철책·방범비상벨 등 방범시설의 유무(69.1%)를 상대적으로 더 중요한 요인으로 고려하고 있었다.

그리고 연령, 학력, 범행경력, 공범수, 혼인상태 및 범행의 계획성 여부 등 개별변인과 목표물접근 시 고려하는 요인과의 관계를 보면 〈표 4-39〉와 같이 중시하는 데 차이가 없는 것으로 나타났다.

넷째로 주거침입절도범이 도주를 위해 고려하는 요인의 중요도는 〈표 4-22〉와 같이 범행지역 지형지물 숙지정도(48.5%)라든지 범행지역 주변의 도피처 유무(47.1%)보다는 범행 후 도주용이성 여부(62.3%)나 범행 후 도주거리(53.9%)를 상대적으로 중요한 요인으로 고려하고 있었다.

그리고 연령, 학력, 범행경력, 공범수, 혼인상태 및 범행의 계획성 여부 등 개별변인과 도주를 위해 고려하는 요인과의 관계를 보면 〈표 4-39〉와 같이 연령, 학력, 범행경력, 공범수 등에 따른 차이는 없으며, 기혼자가 미혼자보다 범행지역 지형지물의 숙지정도를 보다 중요하게 고려하며, 계획범이 우발범보다 범행 후 도주용이성 여부나 범행 후 도주거리를 더 중시하였다.

다섯째로 주거침입절도범이 범행 시 감시를 피하기 위해 고려하는 요인의 중요도는 〈표 4-30〉과 같이 주위건물의 점등 여부(51.2%), 이웃감시 여부(55.2%)나 범행전후 통행인 유무(53.4%)보다는 범행전후 순찰차량 목격 여부(59.1%)와 폐쇄회로TV(CCTV)의 설치유무(56.2%)를 상대적으로 조금 더 중요하게 고려하고 있었다.

그리고 연령, 학력, 범행경력, 공범수, 혼인상태 및 범행의 계획성 여부 등 개별변인과 감시를 피하기 위해 고려하는 요인 가운데 범행경력이 많은 재범자이거나 공범수가 적을 경우 〈표 4-39〉에서와 같이 주위건물의 점등 여부를 중요하게 고려하고 있었다.

〈표 4-39〉 개별변인과 범행 시 고려하는 요인과의 관계

개별 변인 ＼ 고려 요인	목표물선택 시 고려하는 요인	목표물접근 시 고려하는 요인	도주를 위해 고려하는 요인	감시를 피하기 위해 고려하는 요인
연　령	피해자의 저항능력			
학　력	범행지역의 생활수준 피해자의 저항능력			
범행경력	목표물의 경제적 가치			주위건물의 점등 여부
공 범 수				주위건물의 점등 여부
혼인상태	목표물처분의 용이성		범행지역 지형지물 숙지정도	
범행의 계획성 여부	목표물의 경제적 가치 범행지역의 생활수준 목표물처분의 용이성		범행 후 도주용이성 여부 범행 후 도주거리	

2. 분석결과의 논의

여기에서는 분석결과에 대한 논의와 앞에서 기술한 이론과 조사결과를 근거로 주거단지에서의 범죄예방을 위해 고려해야 할 요인을 제시하고자 한다.

1) 감시성 강화방안

주거단지에서 범죄예방을 위해서는 우선 주거단지에서의 사각공간을 감소시켜 감시효과를 극대화할 수 있는 방안을 마련하는 것이 당면과제이며 구체적으로는 다음과 같은 것이 고려될 수 있다.

첫째, 주거단지 안에 이용관계와 귀속이 애매한 공적 공간을 조성하

지 말고, 현관이나 계단 등 하나의 접근통로를 공유하는 주호(住戶)의 수를 될 수 있는대로 적게 하여 거동수상자에 대한 식별을 용이하게 한다.

둘째, 공동주택단지의 경우 주동입구마다 경비실을 배치하여 감시를 강화할 수 있도록 한다. 다만 예산상의 어려움이 따르는 공동주택단지의 경우에는 주동배치를 상호감시가 가능하도록 N-S형 또는 ㄷ자형으로 하고 이들 전체 동을 감시할 수 있는 주요 부분에 경비실을 배치시킨다.

셋째, 감시가 용이하지 않은 엘리베이터 등에는 폐쇄회로TV(CCTV)를 설치하여 관리실에서 모니터로 감시할 수 있게 하거나 엘리베이터에 방범창을 만들어 외부에서 감시가 가능하게 한다. 다만, 이러한 전자감시장치를 설치할 때는 주민의 프라이버시가 침해되지 않도록 배려해야 한다.

1975년 9월 입주가 시작된 일본 오사카(大阪)의 에버그린 요도가와(淀川) 고층아파트단지는 엘리베이터 1군당 공용호수가 173호~238호에 이르러 엘리베이터 이용범죄의 발생이 용이한 공간특성을 지니고 있었다. 그리고 실제 1981년에 엘리베이터 안에서 심야에 대학교수 부인이 성범죄피해를 당하고, 이른 아침 피난계단에서 신문을 배달하던 중년여성이 강간당한 것이 계기가 되어 엘리베이터에 전자감시장치[22]

---

22) 이 전자감시장치는 14대의 엘리베이터 내부 천장에 설치되었고, 보안센터에는 별도로 2대의 직접감시용모니터와 2대의 녹화용모니터가 설치되었다. 그리하여 엘리베이터 내에서 고성이나 벽을 두드리는 소리 등 이상이 발생한 경우에는 보안센터에 감지되어 그곳의 영상이 녹화용 모니터에 즉시 방영되고, 비상사태 시에는 감시담당경비원이 단지 내를 순찰 중인 경비원에게 무전기로 연락하여 즉시 대처할 수 있게 하였다. 또한 모니터에 방영된 영상은 1주일간 보존되어 범인색출에 이용되기도 하였다. 이 장치는 1시간 간격으로 교대되는 경비원이 감시하도록 하였으되 프라이버시의 보호관점에서 다른 직원은 감시업무를 담당하지 않도록 배려하였다.

를 설치하였다. 그 결과 엘리베이터 이용범죄의 주종을 이루던 성범죄를 감소시키는 효과를 거두었던 것[23]은 좋은 예가 된다.

넷째, 주거단지를 설계할 때는 시야가 가리는 주동 양 끝 등에는 나무를 심거나 다른 부속 건물을 지어 시야가 가리는 일이 없도록 하고 시각적으로 폐쇄되는 옥내공간을 최소화한다.

한편 환경설계를 통해 범죄를 예방한 대부분의 연구와 사례를 보면 사회적 응집성과 근린의식이 감시성을 발휘하여 범죄예방효과에 크게 기여한 것으로 나타났다. 힐리어와 핸슨(B. Hillier & J. Hanson)은 영역성을 공간적 범위뿐만 아니라 사회적 유대까지 포함시키는 개념으로 이해하고 있다.[24] 월러(I. Waller)와 오키히로(N. Okihiro)도 사회적 응집성이 높은 지역의 주택은 범죄피해를 입을 가능성이 낮다고 하고,[25] 레피토(T. A. Reppetto)도 사회적 응집성이 낮은 지역에서는 주거침입절도의 연간 발생률이 1,000채 중 90채였던 것에 비해 사회적 응집성이 대체로 높게 인식되고 있는 지역에서는 1,000채 중 16채가 주거침입절도 피해를 보았다고 한다.[26] 따라서 일반적으로 주민의 교체가 빈번하게 행해지는 지

---

23) 湯川利和, 不安な高層 安心な高層: 犯罪空間學序說(京都: 學藝出版社, 1987), 202～214쪽.

24) B. Hillier & J. Hanson, *The Social Logic of Architecture*(Cambridge, England: Cambridge University Press, 1984), 대한주택공사, "아파트단지 내 범죄발생 저감을 위한 설계개선연구,"(연구 93-05), 1993. 2, 18쪽에서 재인용.

25) Irvin Waller and N. Okihiro, Burglary: *The Victim and the Public* (Toronto, University of Toronto Press, 1978), 小出治 外譯, デザインは 犯罪を防ぐ: 犯罪防止のための環境設計(東京: (財)都市防犯研究センター, 1991), 72쪽에서 재인용.

26) T. A. Repetto, *Residential Crime*(Cambridge, Mass.: Ballinger, 1974), 小出治 外譯, 前揭書, 51쪽에서 재인용.

역27)일수록 주거침입절도가 많고, 윌러(Irvin Waller)와 오키히로(N. Okihiro)는 동거인이 많은 지역에서는 주거침입절도의 발생률이 높음을 확인하고 있다.28) 가디너(R. A. Gardiner)도 범죄가 가까이에서 통제되지 않으면 도시전체의 토대를 무너뜨리게 될 것이라고 하여 근린의식의 중요성을 역설하고 있다.29)

혈연적·지연적 결합에 바탕을 둔 가족, 씨족, 부락과 같은 제일차적 집단위주로 구성된 전통적인 우리 사회에서는 상력한 도덕적 규제력이 작용하였다. 그리하여 영역성이 강한 주거환경을 조성하고 외부인에 대해서는 철저한 감시가 이루어졌으며, 자기집단에 대해서는 강한 소속감을 갖게 됨에 따라서 심리적인 안전감도 유지할 수 있었다. 그런데 그동안 우리나라는 도시화의 진전과 도시지향의식을 바탕으로 하여 인구이동 및 인구집중현상이 지속됨으로써 도시지역 주민의 근린관계와 공동체연대의식이 급속히 해체되고 있다. 그에 따라 주민 간의 상호관심이 희박해지고, 남의 일에는 전혀 개입하지 않으려는 등 사회적 유대감은 점점 더 약화되어 가고 있어 주민으로서의 유책감의 결여는 물론 영역성·감시성의 소홀로 인하여 범죄에 대한 사회적 통제력마저도 약화되어 가고 있다.30)

따라서 영역성과 감시성을 확보하기 위해서는 근린의식을 함양시키는 것이 중요하며 그 구체적인 방안으로는 다음과 같은 것이 고려될

---

27) 데이비슨(Davidson)은 이러한 지역을 전이지역이라고 표현하고 있다. R. N. Davidson, *Crime and Environment*(London: Croom-Helm, 1981), p. 41.

28) Irvin Waller and N. Okihiro, *op. cit.*, 小出治 外譯, 전게서, 51쪽에서 재인용.

29) Richard A. Gardiner, *Design for Safe Neighborhoods*(Washington, D.C.: GPO, 1978), p. 5.

30) 한국생산성본부, 치안실태조사와 대책(요약 편), 1991. 3, 25쪽.

수 있다.

첫째로 일반적으로 공동체생활은 공동의 이익과 흥미, 관심이 자발적으로 공유될 때에 비로소 공동체의 유대감이 강화된다. 그런데 가족제도, 사회구조, 가치관 등의 급변과 주거단지에서 자신이 드러나는 것을 기피하는 익명성 등으로 우리의 전통적인 공동매개요소가 많이 없어져 가고 있다. 따라서 개체를 군집으로 묶을 수 있는 공동매개요소(common tie)를 개발시켜 나가야 한다. 즉, 자발적으로 흥미 있게 주민들이 참여할 수 있는 주민걷기대회나 주민체육대회와 같은 주민참여 프로그램을 개발한다. 그리고 현재 관(官)이 개입하여 운영되고 있는 반상회도 주민자치적으로 운영될 수 있도록 하여 자연스럽게 주민 간에 근린의식이 형성될 수 있도록 한다. 동시에 아파트의 경우 입주자대표회의 등 각종 모임을 통해서 주민상호간 면식과 이해의 폭을 넓혀 지역사회에 대한 소속감과 구성원 간의 응집력을 높여야 한다. 예를 들면 현재 몇몇 도시에서 시행하여 근린의식함양에 좋은 본보기가 되고 있는 「시민아파트학교」를 다른 도시에도 확대시키고, 이 아파트학교과정에 생활방범에 관한 프로그램 등도 개발하여 자발적으로 주거단지의 안전을 도모할 수 있도록 한다.[31]

둘째로 주민들이 모여서 서로 담소하며 친숙도를 높일 수 있도록 단지 내 공공공간을 조성하고 이 공간을 적극적으로 활용할 수 있는 방안을 마련한다. 예를 들면 아파트단지나 동네 안에 회의실, 도서실, 교양강좌, 스포츠시설 등을 갖춘 공공회관을 건립하여 주민들이 상호 접촉할 수 있는 기회를 확대시킴으로써 자연스럽게 공동체의식을 함양시

---

31) 1993년 광주 YMCA가 아파트 부실공사 등에 공동으로 대응하기 위해 처음으로 「시민아파트학교」라는 시민교육과정을 개설하였는데 의정부·안산·고양 YMCA 등으로 확산되면서 아파트학교에서 강의를 받은 주민들이 자연스럽게 조직을 만들어 입주자들의 공동체운동을 펴나가고 있다.

켜 나간다.

셋째로 지역의 여러 민간단체와 관계기관을 광범위하게 끌어들일 수 있는 관심의 공동체(community of interest)운동을 추진하여 주민 간의 관계, 주민과 자치체와의 관계, 주민과 경찰과의 관계가 관심과 협조를 유지할 수 있도록 한다.

2) 접근과 도주를 통제하는 방안

주거침입절도범들이 범행 시에 도주용 차량을 주차할 수 있고, 검문·검색이 적고, 막다르지 않은 곳을 선택하고 있으므로 범죄자의 접근을 통제하고 도주를 곤란하게 하는 방안이 마련되어야 하며 구체적으로는 다음과 같은 방안이 고려될 수 있다.

첫째, 막다른 골목을 만들어 도주를 곤란하게 한다.

둘째, 출입처가 많은 곳은 통과교통 등 외부인의 출입을 억제할 수 있도록 한쪽 끝을 폐쇄하거나 상징적인 경계를 설치한다.

셋째, 공동주택 등의 주거단지의 출입구는 가능한 한 적게 하고, 필요한 경우에는 심야에 폐쇄가 가능하도록 한다. 그리고 일상적으로 이용되지 않는 공간은 폐쇄장치를 마련하여 별도로 관리하도록 한다.

뉴욕시의 버스터미널(Port Authority터미널)은 Times광장 중심부에 위치해 있었는데 이 터미널의 각종 시설은 접근의 용이성 때문에 알코올중독자, 사회적 낙오자 및 동성연애자들이 모여들어 각종 사회문제를 야기하자 1969~1970년 사이에 터미널 당국은 환경설계를 이용한 범죄예방대책을 시도하여 범죄예방효과를 거두고 있는데 범죄예방을 위해 좋은 본보기가 되고 있다. 구체적으로 터미널에의 접근을 통제하기 위해 시행한 것을 보면 부랑자들이 목적하는 바를 달성하고 다른 사람들과 접촉하기 위해 건물 중앙의 큰 기둥을 활용하고 있었기 때문에 이를 제거하였고, 벤치의 형태가 잠을 자기 좋게 설치되어 있어 이를 물통(Bucket)모양으로 바꾸었다. 또한 여자화장실에 남성이 출입할 수 없도록 색상을 바꾸고 액세서리 치장을 하였다. 그리고 복도의 어두운 교차지점 등에 거울을 달고 조명도를 높여 사각지대를 보완하고, 심야에는 이러한 고립된 지역에의 출입을 통제하였다.[32]

3) 범행목표물의 감소와 재물표시제도의 정착

범행의 목표가 될 수 있는 현금이나 고가품을 집안에 두지 않도록 하는 방안과 목표물의 처분을 곤란하게 하는 방안이 필요하며, 구체적으로는 다음과 같은 방안이 고려될 수 있다.

첫째로 일본의 방범모델도로에 대한 전문적인 침입절도범의 평가에서 방의 배치가 세분화되어 있을수록 범행이 어렵다고 답변하고 있다.[33] 따라서 건축 시에 방을 세분화하도록 하는 방안도 고려될 수 있으나 현실적으로 많은 어려움이 있다. 그러므로 더 중요한 것은 귀중품이나 현금 등 범행의 목표물이 될 수 있는 것을 분산해서 보관하게 하거나 은행 등에 예치하는 습성을 생활화할 수 있도록 적극적인 홍보활동을 전개한다. 그리고 방범수칙이나 피해방지요령 등을 정리하고 유형화해서 주민들이 유치원과정 혹은 초등교육과정부터 이를 습득할 수 있도록 조치를 취하여 생활방범이 정착될 수 있도록 한다.

---

32) C. Ray Jeffery, *Crime Prevention Through Environmental Design*(Beverly Hills, California: Sage Publications, Inc., 1977), p. 227.

33) 清永賢二·小出治, 前論文, 96쪽.

둘째로 상업에 종사하는 사람 또는 현금이나 귀중품을 갖고 있는 사람들이 언제든지 안심하고 이를 보관할 수 있도록 일부 경찰관서에 설치되어 있는 대여금고를 관공서 등에까지 확대시키고 이를 적극적으로 이용할 수 있게 한다.

셋째로 고가의 미술품이나 골동품 등을 가정에 소장하는 경우에는 경찰에 신고하도록 하고 일정한 수준의 자체방범체제를 의무화하도록 하고, 공적인 감시에 대해서는 형평의 원칙에 부합하게 분담금을 부과하게 한다.

넷째로 재물 등의 도난에 대비하여 개인의 재산에도 지워지지 않도록 고유의 식별번호를 표시해 두어 도품의 처분을 곤란하게 하기 위한 재물표시(property marking)제도 등을 실시한다. 즉, 금속으로 된 물체에 대해서는 고유번호를 새겨 넣고, 그 밖의 물체에 대해서는 지워지지 않는 필기도구로 번호를 적고 컴퓨터에 입력하여 관리하는 방법이 고려될 수 있다.

4) 방범비상벨 등 방범시설의 확충과 의무화

범죄로부터 자신과 가족의 생명, 신체, 재산을 보호하기 위해서는 전문경비원을 배치하거나 감시자가 없는 상황에서도 범죄와 범죄자를 적발해 낼 수 있도록 방범시설을 갖춰 두는 것이 바람직하다.

그런데 이러한 여러 가지 방범시설 중 방범비상벨의 설치에 대한 주민들의 인식부족과 도시화에 따른 사생활노출을 우려하여 이웃 간 교류를 기피하는 경향 등으로 방범비상벨 등 방범시설을 설치한 가구가 많지 않고,[34) 이미 설치된 방범시설도 오작동 등의 문제점이 지적되고 있다.

따라서 구체적인 방안으로는 단기적으로는 주민들에게 방범시설에 대한 인식을 고취시키기 위한 교육과 홍보활동을 전개한다. 그리고 장기적으로는 정부가 방범시설의 개발과 보급에 각별한 관심을 기울이고, 최소한 방범비상벨 등은 정부에서 무상으로 설치해 주도록 한다. 또한 방범시설의 생산업체[35)]에 대하여 설비자금을 지원해 주거나 세제혜택을 주어[36)] 일반가정이나 각급 기관에서 저렴하게 구입·설치할 수 있도록 하여 주거침입절도에 대비하게 한다. 그리고 방범시설의 기능개선과 철저한 관리로 오작동을 방지할 수 있도록 우수방범기기에 대해서는 일본과 같이 「우량방범기기형식승인제도」[37)] 등을 조기에 정착시켜

---

34) 1992년 7월 현재 서울특별시의 방범설비 설치현황을 보면 시설관리책임자 혹은 세대주가 자발적으로 방범시설(방범비상벨, 민간경비, 감시카메라, 전화통보기, 자동경보기)을 설치한 기관, 업소 및 가정의 수가 115,783개소에 불과한 것으로 나타나 있다. 그리고 이 중에서 전체의 87% 정도(100,357개소)가 방범비상벨을 설치하였을 뿐이고, 전문경비원을 고용하거나 감시자가 없는 상황에서도 범죄를 적발할 수 있는 수단(감시카메라 혹은 자동경보기)을 갖춘 경우는 전체의 6.3%(7,325개소)에 불과하다. 서울지방경찰청, 방범설비 설치현황, 1992. 7.

35) 1991년 현재 국내에서 방범기기를 생산하거나 외국의 제품을 수입판매하는 업체의 수는 30여개에 달하며, 이들 업체 중에서 기기를 직접 생산하거나 자체적으로 시스템을 개발하여 보급하고 있는 업체는 극히 일부에 불과한 것으로 파악된다. 경찰청, 방범전서, 1991, 210~213쪽.

36) 방범기기육성방안으로 ① 형식승인제도의 도입 ② 기계경비보급의 확대 ③ 방범기기규격의 일반화 ④ 세금의 감면 등 네 가지 대안을 제시하고 있다. 이윤근, "한국 사경비 발전방안에 관한 조사연구," 동국대학교 대학원, 박사학위논문, 1989. 12, 195~197쪽.

37) 일본의 경우 기계경비의 질을 향상시키기 위하여 1980년 4월부터 「우량방범기기형식승인제도」를 실시하고 있다.

방범시설 생산업체가 독자적으로 기술을 개발할 수 있도록 장려해야 한다. 그리고 방범비상벨 장난금지 등의 교육도 유치원이나 초등학교 때부터 실시하여 방범의식의 향상에도 노력을 기울여야 한다.

5) 환경설계개념의 제도화 및 범죄예방평가제의 도입

미국, 영국, 일본 등에서는 환경설계를 통한 범죄예방(CPTED: Crime Prevention Through Environmental Design)이론을 적용하여 각종 프로그램을 개발·시행하고 있음을 보았다. 우리나라에서도 아파트 범죄가 부분적으로 아파트의 환경계획적 특성에 영향을 받고 있다는 연구결과[38]와 주거침입절도가 범행 시 환경적인 요인을 고려하고 있음을 감안할 때 이에 대한 신중한 고려가 필요하다고 생각한다.

우선적으로 고려할 것은 유흥업밀집지역이나 학교주변 유해업소 등을 정비하는 데 있어서 전문가의 진단을 기초로 해서 시민의 참여나 협조를 얻을 수 있는 방향으로 기존프로그램을 보충할 필요가 있다.

한편 환경설계를 통한 범죄예방이론을 실제 건축현장에 적용할 경우 기존의 주거환경을 변경하는 것은 비용 등의 측면에서 실현이 곤란하다. 따라서 도심지 재개발이나 신흥주택단지사업 계획단계부터 관계행정기관과 협력하에 방범적 관점에서 환경설계에 의한 범죄예방의 본질을 포함시키는 것이 합리적이고, 이를 제도화하는 것이 바람직하다. 예를 들면 신도시개발 등에는 반드시 환경설계를 통하여 범죄예방을 기할 수 있도록 전문가들의 평가와 조언 등을 청취하도록 제도적인 장치

---

38) 김수암, "아파트단지의 범죄발생동향 및 계획적 대책," 대한건축학회 건축심리위원회, 주거단지 범죄예방을 위한 건축환경계획 세미나 발표집, 1993. 12. 4, 39~62쪽.

도 마련해야 할 것이다. 다만, 기준책정을 할 때 고려해야 할 점은 안전성과 편리성, 경제성과의 균형을 이루도록 하고, 동시에 환경설계가 범죄에 미치는 영향에 대한 조사연구를 더욱더 충실히 하여 주민의 이해를 얻는 것이 필요하다.

이와 아울러 주택이나 건물설계 시 범죄예방을 위한 방어공간을 확보해야 하며 도시계획에 있어 환경영향평가제도와 유사한 범죄예방평가제의 도입도 고려되어야 할 것이다.

또한 경찰기관 등에 건축 시 방범에 대한 조언과 범인성환경을 평가할 수 있는 건축설계담당관과 같은 공무원을 두어 환경설계이론을 실제 현장에서 집행할 수 있도록 한다.[39]

6) 공동연구의 활성화

우선 환경설계를 통한 범죄예방대책을 강구하는 데 있어서는 일부 건축가들만이 아니라 모든 건축가들이 반드시 연구해야 할 분야로 인식되어야 할 것이며, 교육과정 중에도 반드시 이러한 분야가 필수적으로 교육되어야 하겠다.

그리고 방어공간이나 CPTED 전략에 관한 연구를 수행하거나 기존의 지식을 적용할 때는 범죄문제전문가인 형사학자(혹은 범죄학자)와

---

39) 영국에서는 개개의 건설계획에 있어서 방범적인 고려가 가해지도록 하기 위해 대부분의 경찰본부에 건축연락담당관(Architectural Liaison Officer)을 두어 건축가·개발업자 등과 지방의 건설당국과의 연락·조언을 하게 하고 있다. 영국의 건축설계기준(NHBC의 지침, 여기에서 NHBC는 全英住宅建設協會를 지칭하는 것으로 National House-Building Council의 약칭이다)에 대해서는 佐佐木眞郞, "建築設計による犯罪防止(下)," 警察大學校, 警察學論集, 第42卷 第12號(1989. 12), 90~96쪽 참조.

설계전문가인 건축가가 각각 자신의 전문지식을 활용하여 진지하게 토론해 가면서 공동으로 작업을 추진하도록 하여 현실적으로 실효성 있는 결과를 얻도록 해야 할 것이다. 아울러 이러한 환경설계를 통한 범죄예방이 성공을 거두기 위해서는 정부 각 기관 및 시민들의 적극적인 협조가 있어야만 한다는 사실이다. 앞에서 고찰한 CPTED 프로그램은 이와 유사한 다른 프로그램들을 실행하는 데 유용한 시사점을 제공해 주고 있다.[40] 그것은 첫째 지역주민들이 문제의 심각성을 이해하고 협조해 주어야 프로그램이 성공을 거둘 수 있다는 점이며, 둘째는 경찰과 다른 정부기관의 관련부서들이 기획단계에서부터 깊숙이 관여해야 프로그램이 성공을 거둘 수 있다는 점, 셋째 대상지역의 고유한 상황에 따라서 얼마든지 해결방안이 달라질 수 있다는 점 등이다. 영국에서도 범죄예방을 위해 환경적 접근을 고려하게 된 결정적 계기는 1984년에 내무성·교육과학성·환경성·후생성 및 웨일즈성의 연명으로 제출된 고시로서 다음과 같은 내용이 내포되어 있다.[41] 즉, ① 지역사회 자체의 노력이 필요하며 ② 경찰과 지방 각 기관의 협력이 필요하고 ③ 범죄의 유형은 지역에 따라 다르므로 지역의 실정에 알맞은 시책을 펴야 하며 ④ 환경에 대한 관리, 설계 및 변경을 통해서 범죄를 용이하게 하는 기회를 감소시키는 것이 최선의 수단이라는 것 등이 담겨 널리 국민들에게 호소되고 있다.

---

40) National Crime Prevention Institute(NCPI), *Understanding Crime Prevention*(Stoneham, MA: Butterworths Publishers, 1986), pp. 125~126.

41) 佐佐木眞郎, "英國における犯罪防止對策(上·下): カークホルト團地プロジェクトの紹介," 警察大學校, 警察學論集, 第42卷 4號, 6號(1989年 4月, 6月號), 59~67쪽, 116~122쪽.

7) 종합적인 범죄예방대책의 강구

지금까지 환경설계를 통한 범죄예방대책에 대해서만 논의했지만 범죄예방대책은 어느 한 가지 요인의 개선이나 한 방향의 시각만으로는 그다지 효과를 거두지 못한다는 점을 간과해서는 안 된다. 예를 들어, 입주자가 주호(住戶)로부터 단지까지 자연스럽게 관찰할 수 있는 단지계획을 마련한다고 해도 그를 구분할 수 없다면 자연감시의 효과는 기대할 수 없다. 결국 범죄의 요인이 다양하므로 다각적이고 포괄적인 변인을 다루는 연구가 필요하며, 이에 따라 범죄예방을 위한 노력 또한 다양한 요인을 동시에 연관시켜 고려하는 시각이 필요한 것이다.

조사결과에서도 연령이 낮고 학력이 낮은 미혼자일수록 피해자의 저항능력을 덜 중시하고 있어 이들에 대해서는 환경설계를 통한 범죄예방대책만으로는 한계가 있음이 드러났다. 따라서 특히 이들에 대해서는 여러 분야에서의 종합적인 대책이 필요하다.

환경설계를 통한 범죄예방의 제창자인 뉴먼(Oscar Newman) 자신도 최근 저서에서는 안전한 주거공간은 단순히 방어하기 쉬운 주거공간뿐만 아니라 거주자 자신이 참가하고, 거주자(연령, 생활양식 면에서)가 생활수준이 비슷한 집단으로 조직된 양호한 관리형태가 존재할 때 확보된다고 주장하고 있듯이 환경설계를 통한 범죄예방론자도 건축설계만을 논하고 있지는 않다. 한편 뉴먼(O. Newman)의 이론에 회의적이었던 영국의 내무성, 환경성에서도 건축설계는 범죄예방의 유일한 대안은 아니지만 중요한 요소이고, 건축담당자는 계획·설계단계에서 환경설계를 통한 범죄예방의 본질을 마땅히 받아들여야 한다는 사고방식이 채택되고 있다.

이러한 의견접근의 결과 생겨난 새로운 사고방식은 통합적 접근방법[42]이라고 할 수 있을 것이다. 이는 주거환경을 종합적으로 받아들이

고, 건축설계를 중심으로 주거환경의 사회적 요인, 관리형태, 소유형태에
도 주목하고, 범죄를 예방하는 대책 면에서도 다양한 수법(가옥의 견고
화, 지역사회의 자주방범 등)을 종합적으로 실시하려고 하는 것이다.

　그리고 경찰의 순찰차량목격 여부도 주거침입절도범들이 감시요인으
로 중시하고 있어 범죄예방을 위해서 무엇보다 중요한 것은 가시성을
높일 수 있도록 경찰의 순찰활동을 강화하는 것이 더없이 중요함을 알
수 있다. 또한 방범시설이 불충분한 범죄취약지역에 대해서는 국가에서
방범초소나 경비초소를 적극적으로 설치하고, 가시적인 순찰활동을 강
화하여 잠재적인 범죄자의 범행의지를 제거해야 한다. 물론 그러한 충
분한 활동을 수행하기 위해서는 경찰관의 자질을 향상시키고, 알맞은
업무량과 독자적인 재량범위를 확보해 주고, 적절한 방법으로 사기를
높여주는 방안도 병행해야 한다.

　끝으로 범죄예방을 전담하는 국가기구의 필요성을 지적할 수 있다. 외
국의 여러 나라에서 범죄전담기구[43]를 통하여 범죄예방의 체계적인 발
전을 도모하고 있다. 이러한 경험들은 우리나라의 범죄예방정책을 수립
하는 데 시사점을 제공해 줄 수 있을 것이다. 따라서 우리나라의 경우에
도 범죄예방업무를 전담할 국가적 수준의 조직을 설립하여 보다 효율적
으로 범죄예방활동을 수행해 나가도록 해야 할 것이다.

---

42) 佐佐木眞郎, "建築設計による犯罪防止(上)," 警察大學校, 警察學論集, 第42
　　券 第11號(1989. 11), 112~114쪽.

43) 1971년 설립된 미국의 국립범죄예방연구소(NCPI: National Crime
　　Prevention Institute), 영국 내무성의 범죄예방부서(Crime Prevention
　　Unit), 스웨덴의 국가범죄예방위원회(National Swedish Council for
　　Crime Prevention), 네덜란드의 범죄예방국(Directorate for Crime
　　Prevention) 등이 있다. 이건종·전영실, "각국의 범죄예방정책에 관한 연
　　구,"(연구보고서 93-11), 한국형사정책연구원, 1994. 4, 165~166쪽.

제5장 결 론

1990년 10월 13일 범죄와의 전쟁선포와 1993년 새 정부가 들어서면서 1·2차에 걸친 범죄소탕 180일 작전 등을 수행한 결과, 표면적으로는 범죄문제가 많이 호전된 듯한 인상도 없지 않다. 그러나 앞에서 고찰한 바와 같이 범죄피해에 대한 불안감(1991년 전국 57.6%, 도시 64.2%)이 여전히 높고, 재범률[1]도 감소하지 않아 그동안 우리나라의 범죄통제정책에 많은 의문이 제기되고 있다. 즉, 그동안 「폭력행위 등 처벌에 관한 법률」, 「특정범죄가중처벌 등에 관한 법률」 등 각종 형사특별법의 제정과 개정을 통하여 일벌백계식의 중형주의 범죄통제정책(형벌과 제지이론)을 채택하여 단기적인 위하효과는 거두고 있으나 체포면탈을 위한 죄질의 흉폭화현상과 형벌에 대한 면역효과와 무감각현상까지 초래하게 되었다.

범죄는 피해자에게 장기적인 악영향을 미치며, 안전한 거주생활을 위협하는 심각한 위해요소가 되고 있다. 지금까지 범죄에 대한 사회적 대응은 주로 범죄자에게 처벌을 가하는 형벌주의에 치우쳐 왔다. 그런데 이러한 대응책은 범죄발생 후의 사후조치에 불과하기 때문에 그 자체로서는 안전하고 만족스러운 생활을 보장할 수 없다. 이에 그 대안으로

---

1) 1993년 12월 말 현재 수형자 56,494명 중 재범 이상의 구성비가 64.9%에 이르고 있으며, 징역 5년 이상의 중범자가 전체 수형자의 32.8%를 차지하고 있다. 이순길, "한국교정의 현황과 발전방향," 한국교정학회·연세대학교 사회복지연구소 주최, 「한국교정복지의 현황과 전망」 국제학술세미나 자료집, 1994. 4. 26, 4쪽.

이 연구에서는 범죄를 예방하기 위한 경찰활동에는 한계가 있다는 전제하에 환경설계를 통한 범죄예방에 대해서 고찰하였다. 비록 범죄예방을 위해 환경설계적 측면에서 다루어질 수 있는 범위는 일부분에 국한될지라도 환경설계를 통한 범죄예방활동이 미흡하였다는 점에서 이러한 연구는 매우 의의가 있으리라고 본다. 그리하여 이 연구에서는 주거침입절도범이 주거단지에서 범행 시 고려하는 요인으로 목표물의 가치, 접근용이성, 도주용이성, 감시성 등 네 가지를 선정하여 범행 시에 어떤 요인을 더 중시하는지를 분석해 보았다. 그리고 이 네 가지 주요 요인에 각각 몇 개의 지표들을 설정해서 범죄예방을 위해 어떠한 환경설계요인이 더 중요한지를 분석해 보고 범죄예방을 위한 전략들을 고찰해 보았다.

이상의 조사결과를 요약하면 다음과 같다.

첫째로 주거침입절도범들은 범행 시 목표물의 가치나 도주용이성보다 감시성이나 접근용이성을 중시하는 것으로 밝혀졌다. 따라서 주거환경이 자연스럽게 감시되고 우연한 관찰을 유도할 수 있는 각종 감시장치가 마련되어야 하며, 범행목표물에의 접근을 차단할 수 있도록 주거환경이 우선적으로 조성되어야 한다.

한편 감시성이 양호하여 목표물에의 접근이 곤란한 곳일수록 근린간의 관계가 좋은 것으로 밝혀져 목표물에의 접근통제를 위해서 근린의식을 함양하는 것이 또한 중요하다는 것을 짐작할 수 있다. 근린의식과 공동체의식을 함양하기 위해서는 주민들이 자발적으로 흥미 있게 참여할 수 있는 각종 프로그램이 개발되어야 한다.

둘째로 환경설계를 통한 범죄예방이론을 실현하기 위해서는 기존의 주거환경에 변경을 가해야 하는 등 비용 면에서 곤란한 점이 많다. 따라서 도심지를 재개발하거나 신흥주택단지를 건설할 때는 계획단계부터 관계행정기관과의 협력하에 범죄예방을 위한 환경설계요인을 포함시키는 것이 합리적이며, 이를 제도화할 필요가 있다.

여기에서 한 가지 고려해야 할 점은 범죄영향평가제 등을 실시하여 환경설계가 범죄에 미치는 영향에 대한 조사연구를 더욱더 충실히 하고, 주민의 이해를 얻는 것이 무엇보다 필요하다. 또한 범죄학자와 건축가의 공동연구를 통하여 현실적으로 실효성 있는 방안을 마련해야 한다는 점이다.

셋째로 주거침입절도범들은 방범견·철책·방범비상벨 등 방범시설과 경찰의 순찰이 범행목표물에의 접근을 어렵게 만들고, 도주를 곤란하게 한다는 점을 밝히고 있다. 그런데 실제로 방범비상벨 등 방범시설을 갖춘 가구가 많지 않아 단기적으로는 방범시설 설치를 위한 홍보활동의 강화와 교육을 통하여 이를 확충해 나가고, 장기적으로는 국가에서 무상으로 설치해 주거나 방범시설 생산업체에 세제혜택을 주어 방범시설의 가격을 저렴하게 하여 시민들이 경제적인 부담을 갖지 않고 쉽게 구입·설치할 수 있도록 해야 한다. 또한 이미 설치된 방범시설도 오작동문제 등이 지적되고 있어 기능개선도 뒤따라야 한다. 그리고 범죄예방을 위해서는 방범조치가 제대로 갖춰지지 않은 지역에 대해서 경찰의 순찰활동을 강화하여 감시효과를 극대화시킴으로써 잠재적인 범죄자의 범행의지 제거에도 노력을 기울여야 한다.

또한 영국의 커크홀트(Kirkholt)단지의 사례나 우리나라 주거침입절도범의 조사에서도 밝혀졌듯이 현금이나 귀중품 등 값나가는 목표물과 처분이 용이한 목표물은 범행의 표적이 될 수 있으므로 범죄예방을 위해 이들 물품을 안심하고 보관할 수 있는 시설을 마련하고, 도품의 처분을 곤란하게 하는 조치도 강구되어야 한다.

범죄예방을 위해서는 어느 한 가지 요인의 개선이나 한 방향의 시각에 의한 방법만으로는 그다지 효과를 거두지 못한다.

조사결과에서도 연령이 낮고 학력이 낮은 미혼자일수록 피해자의 저항능력을 덜 고려하고 있어 이들에 대해서는 환경설계를 통한 범죄예방대책만으로는 한계가 있음이 드러났다. 따라서 특히 이들에 대해서는 여러 분야에서의 종합적인 대책이 마련되어야 할 것이다.

참고 문헌

Ⅰ. 동양문헌

1. 국내문헌

 1) 서   적

경찰청, 방범전서, 1991.

_____, 환경설계를 통한 범죄예방(CPTED) 방안, 2005.

김경동·이온죽, 사회조사연구방법, 서울: 박영사, 1986.

신진규, 범죄학겸 형사정책(형사사법정책론), 서울: 법문사, 1987.

이상안, 범죄경제학, 서울: 박영사, 1991.

이상현, 범죄심리학(개정판), 서울: 박영사, 1994.

이윤호, 한국형사사법정책론, 서울: 법전출판사, 1992.

이재상, 형법각론, 서울: 박영사, 1989.

조병인, 범죄대책론, 서울: 도서출판 한림원, 1993.

치안본부, 미국경찰, 1988.

한국생산성본부, 치안실태조사와 대책(요약 편), 1991. 3.

2) 논 문

김보환, "경제적 전망에서 본 도시범죄 통제정책," 동국대학교 공안행
정연구소, 공안행정논총, 창간호, 1984.

______, "효과적 범죄통제를 위한 방범체제의 개선: 도시경찰을 중심으로,"
경찰대학 치안연구소, 치안논총, 제6집, 1989.

김수암, "공동주택의 범죄방어공간 계획 및 설계," 한국건설기술연구원,
건설기술정보, 통권 91호, 1991. 6.

______, "아파트단지의 범죄발생동향 및 계획적 대책," 대한건축학회 건축
심리위원회, 주거단지 범죄예방을 위한 건축환경계획 세미나
발표집, 1993. 12. 4.

김 영·양동양, "방범대책을 고려한 방어공간으로서의 아파트 설계방법
에 관한 연구," 대한건축학회, 대한건축학회논문집, 제2권 제1호,
1986. 1.

김 영·이문종, "대도시 주택단지 건물 및 근린시설의 이용행태에 따
른 Vandalism에 관한 연구(Ⅰ·Ⅱ)," 대한건축학회, 대한건축
학회논문집, 통권 14, 15호, 1987. 12, 1988. 2.

김준호, "우리나라의 범죄문제: 공식통계를 중심으로," 한국형사정책연
구원, 형사정책연구, 제2호, 1990. 11.

김충남, "경찰과 지역사회관계에 관한 연구," 동국대학교 대학원, 박사
학위논문, 1990. 6.

김형청, "한국사회에 있어서의 범죄방지에 관한 연구," 경찰대학, 논문
집, 제5집, 1986.

대한주택공사, "아파트단지 내 범죄발생 저감을 위한 설계개선연구,"(연
구 93-05), 1993. 2.

도건효 외, "공동주택의 범죄방어공간도입에 관한 연구,"(연구보고서 91-04)," 한국형사정책연구원, 1992.

도건효, "공동주택의 범죄예방에 관한 건축계획적 연구: 대도시 아파트의 범죄예방대책을 중심으로," 중앙대학교 대학원, 박사학위논문, 1992.

민병호·김상호·도건효, "고층아파트의 범죄발생실태 및 범죄영향인자에 관한 연구 -환경계획적 요인을 중심으로-," 대한건축학회, 대한건축학회논문집, 통권 48호, 1992. 10.

서기영, "도시의 사회환경과 경락," 동국대학교 법정연구소, 법정논총, 제4집, 1979.

서재근, "현대사회의 변화와 경찰과제," 동국대학교 공안행정연구소, 공안행정논총, 제2호, 1985.

신동운, "민간의 자율방범활동," 한국형사정책연구원, 형사정책연구, 창간호, 1990. 6.

신현주, "형사정책에 있어서의 현대적 추세와 그 정책적 의미," 법무부, 법무자문위원회논설집, 제3집, 1979. 12.

______, "민생치안범죄규제의 전략과 이론,"(연구보고서 89-07), 한국형사정책연구원, 1990.

심영희 외, "강·절도범죄의 실태에 관한 연구,"(연구보고서 90-26), 1992.

안해균, "범죄예방을 위한 경찰과 시민의 역할," 민생치안연구소, 민생치안연구소 창립기념 범죄예방을 위한 시민대토론회 주제발표논문, 1991. 12. 12.

이건종·전영실, "각국의 범죄예방정책에 관한 연구,"(연구보고서

93-11), 한국형사정책연구원, 1994. 4.

이경훈, "환경디자인을 통한 범죄예방: 그 이론적 배경과 연구실태," 대
　　한건축학회 건축심리위원회, 주거단지 범죄예방을 위한 건축환
　　경계획 세미나 발표집, 1993. 12. 4.

이상철·기광도, "범죄발생의 추세분석: 1964-1991."(연구보고서 93-05),
　　한국형사정책연구원, 1994. 3.

이상현, "사회발전에 따른 범죄현상의 특성과 그 대책에 관한 고찰,"
　　동국대학교 대학원, 논문집, 제22집, 1983.

이수성·한인섭, "세계 범죄학의 연구동향분석," 서울대학교 법학연구
　　소, 서울대학교 법학, 통권 62·63호, 1985. 10.

이순길, "한국교정의 현황과 발전방향," 한국교정학회·연세대학교 사
　　회복지연구소 주최, 「한국교정복지의 현황과 전망」 국제학술세
　　미나 자료집, 1994. 4. 26.

이윤근, "한국 사경비 발전방안에 관한 조사연구," 동국대학교 대학원,
　　박사학위논문, 1989. 12.

이윤호, "효과적인 범죄통제를 위한 경찰활동의 방향," 수사연구사, 수
　　사연구, 1992. 1.

이황우, "한국사회에 있어서의 범죄통제에 관한 연구," 동국대학교 대
　　학원, 박사학위논문, 1978.

　　　, "경찰의 범죄예방활동," 한국형사정책연구원, 범죄예방정책과 방향
　　(제13회 형사정책세미나 자료집), 1994. 9. 30.

임승빈·박창석, "범죄예방을 위한 주거단지 설계기준에 관한 연구: 도
　　시권의 K시를 대상으로," 대한건축학회, 대한건축학회논문집,
　　통권 제48호, 1992. 10.

임승빈, "대규모 주택단지의 범죄발생현황과 환경계획적 대응방안: 국내기존연구결과의 비교·분석," 대한건축학회 건축심리위원회, 주거단지 범죄예방을 위한 건축환경계획 세미나 발표집, 1993. 12. 4.

조준현, "범죄와 범죄자에 관한 기능통합적 접근 - U. Eisenberg의 견해를 중심으로," 교육연구, 성신여자대학교 교육문제연구소, 제26집, 1992.

차용석, "도시화에 따른 범죄상황 및 범죄공포," 민생치안연구소, 민생치안연구소 창립기념 범죄예방을 위한 시민대토론회 주제발표 논문, 1991. 12. 12.

최윤경·강인호, "아파트 단지 공간구조와 범죄," 대한건축학회, 대한건축학회논문집, 통권 58호, 1993. 8.

최인섭, "지역사회 범죄예방과 민간인참여," 한국형사정책연구원, 범죄예방정책과 방향(제13회 형사정책세미나 자료집), 1994. 9. 30.

허명회, "설문지·시험지문항의 신뢰성분석," 응용통계연구, 제4권 제1호, 1991.

3) 간행물 및 기타

경찰청, 경찰통계연보, 제36호, 1993.

법무연수원, 범죄백서, 1993.

통계청, 한국의 사회지표, 1993.

204

2. 일본문헌

1) 서 적

警察廳, 警察白書(平成 5年版), 東京: 大藏省印刷局, 1993.

那須宗一, 犯罪統制の近代化, 東京: ぎょうせい, 1976.

法務省法務總合硏究所, 犯罪白書(平成 5年版), 東京: 大藏省印刷局, 1993.

柏熊岬二, 犯罪豫防の理論と技術, 東京: 一粒社, 1965.

森本益之, 行刑の現代的展開, 東京: 成文堂, 1985.

星野周弘, 犯罪社會學原論, 東京: 立花書房, 1981.

小出治 外譯, デザインは犯罪を防ぐ: 犯罪防止のための環境設計, 東京: (財)都市防犯研究センター, 1991.

長島敦, 犯罪防止と犯罪者の處遇, 東京: 成文堂, 1984.

村井恒夫 編, 安全な社會を求めて: 國際防犯フォーラム '90から, 東京: 都市防犯研究センタ, 1990.

湯川利和, 不安な高層 安心な高層: 犯罪空間學序說, 京都: 學藝出版社, 1987.

2) 論 文

大津富士男, "刑法犯罪の動向について: 被害者の不安感を中心とした分析." 警察大學校, 警察學論集, 第40卷, 第8號, 1987. 7.

瀬渡章子, "高層住宅環境의 防犯性能에 관한 研究." 奈良女子大學, 博士學位論文, 1988.

佐佐木眞郎, "英國における犯罪防止對策(上・下): カ-クホルト團地プロ
ジェクトの紹介," 警察大學校, 警察學論集, 第42卷 第4號, 第6
號, 1989年 4月, 6月號.

佐佐木眞郎, "建築設計による犯罪防止(上・下)," 警察大學校, 警察學論
集, 第42卷 第11~12號, 1989年 11~12月號.

住宅・都市整備公團建築部・建築技術開發室, "住環境の防犯性能に關す
る調査研究,"(昭和 55年度 技術開發研究), 1982.

清永賢二・小出治, "防犯モデル道路の現狀と犯罪防止效果,"(都市防犯研
究會報告 二), 警察大學校, 警察學論集, 第40卷 第4號, 1987. 4.

________________, "專門的 犯罪者による防犯モデル道路の環境評價"(都市防犯
研究會報告 三), 警察大學校, 警察學論集, 第40卷 第5號, 1987.
5.

清永賢二・伊藤信義, "防犯モデル道路の實施事例(上・下),"(都市防犯研
究會報告 四・五), 警察大學校, 警察學論集, 第40卷 第11~12號,
1987. 11~12.

________________, "防犯モデル道路を巡る住民意識と環境設計手法の將來"(都
市防犯研究會報告 六), 警察大學校, 警察學論集, 第41卷 第1號,
1988. 1.

________________, "なぜ防犯モデル道路は成功したか,"(都市防犯研究會報告
七・完), 警察大學校, 警察學論集, 第41卷 第3號, 1988. 3.

II. 영미문헌

1. Books

Bean, Philip, *Punishment: A Philosophical and Crimiological Inquiry*, Oxford: Martin Robertson, 1981.

Bennett, Trevor, *Evaluating Neighborhood Watch*, Aldershot: Gower, 1990.

Clarke, Ronald V.(ed.), *Situational Crime Prevention: Successful Case Studies*, New York: Harrow and Heston Publishers, 1992.

Cramer, James A.(ed.), *Preventing Crime*, Beverly Hills: Sage, 1978.

Crowe, Timothy D., *Crime Prevention Through Environmental Design*, Boston: Butterworth-Heinemann, 1991.

Davidson, R. N., *Crime and Environment*, London: Croom-Helm, 1981.

Fennelly, Lawrence J.(ed.), *Handbook of Loss Prevention and Crime Prevention*, 2nd ed., Boston: Butterworths, 1989.

Gardiner, Richard A., *Design for Safe Neighborhoods*, Washington, D.C.: GPO, 1978.

Heal, Kevin and Gloria Laycock(eds.), *Situational Crime Prevention: From Theory and Practices*, London: Her Majesty's Stationery Office, 1986.

Heiland, Hans-Günther, Louise I. Shelley, Hisao Katoh, *Crime and*

Control in Comparative Perspectives, Berlin: Walter de Gruyter, 1991.

Hentig, Hans von, *The Criminal and His Victim*, New Haven, Connecticut: Yale University Press, 1948.

Hillier, B. & J. Hanson, *The Social Logic of Architecture*, Cambridge, England: Cambridge University Press, 1984.

Hollander, Briar, et al., *Reducing Residential Crime and Fear: The Hartford Neighborhood Crime Prevention Program*, Washington, D.C.: Dept. of Justice, 1980. 2.

International Association of Chiefs of Police, *Developing Neighborhood Oriented Policing in the Houston Police Department*, 1988.

Jacobs, J., *The Death and Life of Great American Cities*, New York: Random House, 1961.

Jeffery, C. Ray, *Crime Prevention Through Environmental Design*, Beverly Hills, California: Sage Publications, Inc., 1977.

Kaiser, Günter, Hans-Jörg Albrecht(eds.), *Crime and Criminal Policy in Europe*, Freiburg: Max Planck Institute, 1990.

Lab, Steven P., *Crime Prevention: Approaches, Practices and Evaluation*, Cincinnati, Ohio: Anderson Publishing Co., 1988.

Martinson, Robert, et. al., *Effectiveness of Correctional Treatment: A Survey of Treatment Evaluation Studies*, New York: Praeger, 1975.

National Crime Prevention Institute(NCPI), *Understanding Crime*

Prevention, Stoneham, MA: Butterworths Publishers, 1986.

Newman, Oscar, *Defensible Space*, New York: Macmillan Publishing Co., Inc., 1972.

O'Block, Robert L., *Security and Crime Prevention*, St. Louis, Missouri: The C. V. Mosby Company, 1981.

Podolefsky, Aaron, *Case Studies in Community Crime Prevention*, Springfield, Ill: Charles C. Thomas Pub., 1983.

Poyner, Barry and Barry Webb, *Crime free housing*, Oxford: Butterworth Architecture, 1991.

President's Commission Law Enforcement and Administration of Justice, *Crime and its Impact*, Washington, D.C.: U.S. Government Printing Office, 1967.

Repetto, T. A., *Residential Crime*, Cambridge, Mass.: Ballinger, 1974.

Rosenbaum, Dennis P., Arthur J. Lurigio, Paul J. Lavrakas, *Crime Stoppers: A National Evaluation of Program Operations and Effects*, National Institute of Justice, 1987.

Rosentraub, Mark S., Karen S. Harlow, Robert Warren, Betty Card, *Citizen Involvement in the Production of Personal Safety: What Citizens Do and What Police Officers Want Them To Do*, Institute of Urban Studies, The University of Texas at Arlington, 1984.

Roshier, Bob, *Controlling Crime*, Milton Keynes, Philadelphia: Open University Press, 1989.

Scarr, H. A., *Patterns of Burglary*, Washington, D.C.: National

Institute of Law Enforcement and Criminal Justice, 1972.

Shikita, Minoru, Shinichi Tsuchiya, *Crime and Criminal Policy in Japan*, NY.: Springer-Verlag, 1992.

Sime, Jonathan D.(ed.), *Safety in the Built Environment*, London: E and F N Spon, 1988.

Skolnick, Jerome H., David H. Bayley, *Community Policing: Issues and Practices Around the World*, National Institute of Justice, 1988.

Stollard, Paul(ed.), *Crime Prevention Through Housing Design*, London: E and F N Spon, 1991.

Stott, John, Nick Miller(eds.), *Crime and the Responsible Community*, Grand Rapids: William B. Eerdmans Pub. Co, 1980.

Strobl, Walter M., *Crime Prevention Through Physical Security*, New York: Marcel Dekker, Inc., 1978.

Sutherland, Edwin H. and Donald R. Cressey, *Principles of Criminology*, 7th ed., Philadelphia: J. B. Lippincott Company, 1966.

Thornton, Robert Y. and Katsuya Endo, *Preventing Crime in America and Japan: A Comparative*, Armonk, New York: M. E. Sharpe, Inc., 1992.

Trojanowicz, Robert C. and Merry Morash, *Juvenile Delinquency*, 4th ed., Englewood Cliffs, New Jersey: Prentice-Hall, Inc., 1987.

210

Vold, George B. and Thomas J. Bernard, *Theoretical Criminology*, 3rd ed., New York: Oxford University Press, 1986.

Waller, Irvin and N. Okihiro, *Burglary: The Victim and the Public*, Toronto: University of Toronto Press, 1978.

Williams III, Frank P. and Marilyn D. McShane, *Criminological Theory*, Englewood Cliffs, New Jersey: Prentice-Hall, Inc., 1988.

Wilson, James Q., *Thinking About Crime*, New York: Basic Books, 1975.

Wilson, O. W. and Roy Clinton Mclaren, *Police Administration*, 4th ed., New York: McGraw-Hill Book Company, 1977.

Witmer, H. L. and E. Tufts, *The Effectiveness of Delinquency Prevention Programs*, Washington, D.C.: Children's Bureau, 1954.

Zimring, Franklin E., Gordon J. Hawkins, *Deterrence: The Legal Threat in Crime Control*, Chicago: The University of Chicago Press, 1973.

2. Articles

Allen, Francis A., "Criminal Justice, Legal Values, and The Rehabilitative Ideal," *Journal of Criminal Law, Criminology, and Political Science*, September/October 1959.

Brantingham, Patricia L. and Paul J. Brantingham, "Situation Crime Prevention in Practice," *Canadian Journal of Criminology*,

January 1990, pp. 17~40.

Clarke, R. V. G., "Situational Crime Prevention: Theory and Practice," *British Journal of Criminology*, Vol. 20, No. 2, April 1980.

Clarke, Ronald V., "Situational Crime Prevention: Its Theoretical Basis and Practical Scope," Michael Tonry and Norval Morris(eds.), *Crime and Justice*, Chicago: The University of Chicago Press, 1983, pp. 225~256.

Finkler, Harald, "Community Participation in Socio-legal Control: The Northern Context," *Canadian Journal of Criminology*, July~ October 1992, pp. 503~512.

Gabor, Thomas, "Prevention into the Twenty-first Century: Some Final Remarks," *Canadian Journal of Criminology*, Vol. 32, No. 1, January 1990, pp. 197~212.

Gabor, Thomas, "Crime Displacement and Situational Prevention: Toward the Development of Some Principles," *Canadian Journal of Criminology*, Vol. 32, No. 1, January 1990, pp. 41~ 73.

Garofalo, James, Maureen McLeod, "The Structure and Operations of Neighborhood Watch Programs in the United States," *Crime and Delinquency*, Vol. 35, No. 3, July 1989, pp. 326~344.

Hastings, Ross, Ronald Melchers, "Municipal Government Involvement in Crime Prevention in Canada," *Canadian Journal of Criminology*, Vol. 32, No. 1, January 1990, pp. 107~123.

Heinzelmann, Fred, "The Nature and Impact of Crime Prevention in the United States," 한국형사정책연구원, 범죄예방정책과 방향 (제13회 형사정책세미나 자료집), 1994. 9. 30, 31～66쪽.

Hoffman, Vincent J., "Major Crimes and Their Prevention in Countries That are Seeking Economic and Social Development," 경찰대학 제42주년 경찰의 날 기념 학술세미나 논문집, 1987. 10. 20.

Johnson, Elmer H. "Introduction: The "What", "How", "Who", and "Where" of Prevention", Elmer H. Johnson(ed.), *Handbook on Crime and Delinquency Prevention*, New York: Greenwood Press, 1987, pp. 1～44.

Kyung-Hoon Lee, "Community and Burglary in the Urban Residential Street Block: An Environmental Analysis," *Ph D. Dissertation*, The University of Wisconsin-Milwaukee, 1992. 8.

McCalla, Mary Ellen, "Resident Responses to Crime Prevention: The Case of the Hartford Neighborhood Crime Prevention Project," *Ph. D. Dissertation*, The University of North Carolina at Chapel Hill, 1984.

Moore, Mark H., "Privatizing or Civilizing Public Spaces?," *Criminal Justice Ethics*, Vol. 11, No. 1, Winter/Spring 1992, pp. 44～51.

Normandeau, André, Barry Leighton, "Police and Society in Canada," *Canadian Journal of Criminology*, July～October 1991, pp. 251～255.

Pennell, Susan, Christine Curtis, Joel Henderson, and Jeff Tayman, "Guardian Angels: A Unique Approach to Crime Prevention," *Crime and Delinquency*, Vol. 35, No. 3, July 1989, pp. 378～400.

Pepinsky, Harold E., "Issues of Citizen Involvement in Policing," *Crime and Delinquency*, Vol. 35, No. 3, July 1989, pp. 458~470.

Polk, Kenneth and Donn C. Gibbons, "The Use of Criminology, the Rehabilitative Ideal, and Justice," *Crime and Delinquency*, Vol. 34, No. 3, July 1988.

Ratiner, Arye and Craig Mckie, "The Ecology of Crime and Its Implications for Prevention: An Ontario Study," *Canadian Journal of Criminology*, Vol. 32, No. 1, January 1990, pp. 151~171.

Roberts, Julian V. and Michelle G. Grossman, "Crime Prevention and Public Opinion," *Canadian Journal of Criminology*, Vol. 132, No. 1, January 1990, pp. 75~90.

Sampson, Alice, Paul Stubbs, David Smith, Geoffrey Pearson, and Harry Blagg, "Crime, Localities and the Multi-Agency Approach," *British Journal of Criminology*, Vol. 28, No. 4, Autumn 1988, pp. 478~493.

Skogan, Wesley G., "Communities, Crime, and Neighborhood Organization," *Crime and Delinquency*, Vol. 35, No. 3, July 1989, pp. 437~457.

Skogan, Wesley G., "The Impact of Victimization of Fear," *Crime and Delinquency*," Vol. 33, No. 1, January 1987.

Trojanowicz, Robert C., "Crime Prevention through Citizen Involvement," 경찰대학, 제42주년 경찰의 날 기념 학술세미나 논문집, 1987. 10. 20, 51~111쪽.

Walker, Christopher R. and Sandra-Gail Walker, "The Citizen and the Police: A Partnership in Crime Prevention," *Canadian Journal of Criminology*, Vol. 32, No. 1, 1990, pp. 125~135.

Warren, Homer Baxter, "Assessing The Impact of Community Crime Prevention Programs of Crime Rates: An Economic Opportunity Perspective," *Ph. D. Dissertation*, Kansas State University, 1987.

Watt, Susan, "The Future of Civilian Oversight of Policing," *Canadian Journal of Criminology*, July~October 1991, pp. 347~362.

Weiss, Robert P., "The Community and Prevention," Elmer H. Johnson(ed.), *Handbook on Crime and Delinquency Prevention*, New York: Greenwood Press, 1987, pp. 113~136.

Winkel, Frans Willem, "Spense Generalization in Crime Prevention Campaigns," *British Journal of Criminology*, Vol. 27, No. 2, Spring 1987, pp. 155~173.

〈부록 Ⅰ〉

설 문 지

안녕하십니까?

이 설문지는 귀하가 이곳에서 생활하기까지의 과정을 연구하기 위하여 작성된 것입니다.

질문에 대한 응답은 맞고 틀린 것이 없으며, 귀하의 생각을 묻는 것이오니 모든 문항에 솔직하고 빠짐없이 응답하여 주시면 감사하겠습니다.

설문내용에 대해서는 비밀이 절대 보장되며, 연구목적 이외에는 사용되지 않습니다.

1994년 5월 일

동국대학교 대학원 경찰행정학과

박사과정 최응렬

※ 다음 질문을 읽고 해당되는 번호에 ○표 하십시오.

1. 귀하가 범행을 하게 된 동기는?

　(1) 순전히 우발적인 것이었다.

　(2) 우발적인 면도 있었고 계획적인 면도 있었다.

　(3) 철저하게 계획적인 것이었다.

2. 귀하가 범행을 했을 때 가장 중시한 것은 무엇입니까?

　(1) 범행대상(목표물의 가치)

　(2) 쉽게 접근할 수 있는 곳(접근용이성)

　(3) 도망가기 쉬운 곳(도주용이성)

　(4) 감시 받지 않는 곳(감시성)

※ 다음 질문을 읽고 귀하의 생각에 가까운 곳을 골라 해당란에 ∨표 해 주십시오.

	매우 중요하다	중요한 편이다	중요하지 않은 편이다	거의 중요하지 않다
3-1. 값나가는 목표물을 선택하는 것				
3-2. 범행지역의 생활수준				
3-3. 쉽게 처분할 수 있는 목표물을 선택하는 것				
3-4. 이용가치가 있는 목표물을 선택하는 것				
3-5. 저항하지 않을 피해자를 선택하는 것				

	매우 중요하다	중요한 편이다	중요하지 않은 편이다	거의 중요 하지 않다
4-1. 범행목표물의 대문 개폐 여부				
4-2. 범행목표물의 출입가능한 창문 등 개폐 여부				
4-3. 범행지역 주변에 방범초 소나 경비초소의 유무				
4-4. 범행목표물에 방범견· 철책·방범비상벨 등 방 범시설의 설치유무				
4-5. 범행목표물의 울타리나 담의 높낮이				

	매우 중요하다	중요한 편이다	중요하지 않은 편이다	거의 중요 하지 않다
5-1. 범행지역 지형지물의 숙 지(얼마나 아는가)정도				
5-2. 범행 후 도주용이성 여부				
5-3. 범행 후 도주거리				
5-4. 범행 후에 주변지역에 도 피처가 있는지 여부				

	매우 중요하다	중요한 편이다	중요하지 않은 편이다	거의 중요 하지 않다
6-1. 범행 시 목표물 주위에 있는 건물의 전등 등 점등 여부				
6-2. 이웃 등에서 범행목표물이 잘 보이는가 여부				
6-3. 폐쇄회로TV(CCTV) 설치유무				
6-4. 범행전후 범행지역 주변에 통행인이 있었는지 여부				
6-5. 범행전후 주변에서 순찰차량의 목격 여부				

※ 다음을 읽고 해당되는 번호에 ○표 해 주십시오.

7. 귀하의 연령은?

　(1) 20~25세　　　(2) 26~30세　　　(3) 31~40세　　　(4) 41세 이상

8. 귀하가 범행 후 체포되었을 때의 최종학력(검정고시 출신자는 해당 검정고시학력)은?

　(1) 무학　　　　　　　(2) 초등학교졸업 이하　(3) 중학교졸업 이하

　(4) 고등학교졸업 이하　(5) 대학입학 이상

9. 귀하의 주거침입절도의 범행경력은?

  (1) 초범   (2) 2범   (3) 3범   (4) 4범 이상

10. 귀하는 범행을 몇 명이서 했습니까?

  (1) 1명   (2) 2명   (3) 3명   (4) 4명 이상

11. 귀하의 입소 전 혼인상태는?

  (1) 미혼   (2) 결혼   (3) 이혼   (4) 사별

〈부록 II〉

경찰청, 판교신도시에 CPTED 도입 추진

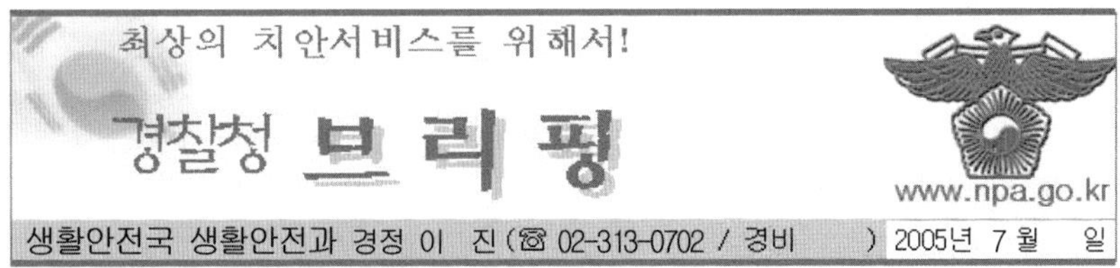

－안전한 주거환경 조성을 위해－

경찰청, 판교신도시에 CPTED 도입 추진

경찰청은 현재 건설 중인 판교 신도시에 환경설계에 의한 범죄예방 프로그램인 CPTED 도입을 추진키로 하였다고 밝혔다.

이를 위해 경찰청에서 2005년 8월까지 판교신도시에 적용할 범죄예방을 위한 설계지침을 제공하고 건설교통부 등 관계기관에서는 판교

신도시 기본 계획에 CPTED 기법을 적극 도입하기로 협의하였다.

또한 경찰청은 2005년 7월 25일 관련 분야 전문가들과 미국 영국 등에서 CPTED를 연구한 석사·박사급 현직 경찰관으로 T/F팀을 구성하여 영국, 미국, 캐나다 등 외국의 적용사례와 경기 일산, 수원 영통지구 등 기존 신도시나 대규모 주택단지의 범죄 특징 및 취약 원인을 분석 중에 있으며 분석결과를 토대로 판교신도시에 적용할 범죄예방을 위한 설계지침을 마련하겠다고 밝혔다.

이와 아울러 기존 도시에도 CPTED를 적용하기 위해 2005년 7월부터 6개월간 경기 부천시 고강동·심곡동·소사본동 등 3개 지역을 대상으로 CPTED를 시범실시 중에 있으며 시범실시가 끝나면 자문 교수들과 시범결과를 분석하여 기존도시에 적용할 수 있는 CPTED 기법을 도출할 예정이라고 밝혔다.

경찰청은 이번에 도입되는 CPTED가 성공적으로 정착되면 누구든지 어디서나 범죄로부터 자유롭고 안전한 생활을 즐길 수 있을 것이라고 전망하면서 앞으로도 지속적인 연구와 프로그램 개발을 통해 범죄예방에 최선의 노력을 다할 것이며 국민의 적극적인 협조를 당부하였다.

※ CPTED: Crime Prevention Through Environmental Design
 - 미국·영국·일본 등 선진국에서 건물설계나 도시계획 수립 시 설계지침으로 활용되고 있는 범죄예방 기법
 - 건물구조·길의 형태·조명·조경 등 주변환경 개선을 통해 범죄기회를 차단하여 주거침입 절도와 같은 기회성 범죄의 발생 예방

외국 CPTED 사례

☐ 미 국

  ○ 1970년대 법무부의 재정지원을 받아 Westinghouse 회사에 의해 대규모 CPTED 프로젝트 시행

  – 주거지역, 상업지역, 학교주변, 교통기관 구분 CPTED 시행

  – 출입통제장치・경보장치・신원확인 장치 등과 같은 방범기계설치를 통한 범죄예방 중시

  ○ 애리조나주 TEMPE市, 1997년 시조례에 CPTED 관련 조항 신설

  ・일반건물 및 술집・당구장・성인용품점 등 범죄유발장소에 적용

> ※ 조례내용: 내부공간・조명・조경・출입구・표지판・감시창・주차장의 구조 등에 대한 기준과 규격 규정
> ※ CPTED 경찰관은 조례 규정에 부합하지 않는 건축에 대해서는 작업을 중단시키거나 스티커 발부

  ○ 현재 대부분의 주에서 CPTED 가이드라인 제시

☐ 영 국

  ○ 1980년부터 영국범죄예방센터(The British Crime Prevention Center)에서 CPTED 훈련과정을 개설하고,

  ○ 1998년 「범죄와 무질서법」을 제정하여 CPTED 개념을 제도화

> ※ 방범환경설계제도(SBD, Secured By Design award scheme)
>   CPTED 전문경찰관들이 시공・건축・완공단계에 현장조사, 환경설계와 보안장비를 점검한 후, 기준에 맞으면 SBD 인증서 발급
> ※ 안전주차시설제도(SCP, Secured Car Parks award scheme)
>   CPTED 전문경찰관들이 상업주차장, 철도역 주차장 또는 대형 주거 지역 주차장에 대해 안전진단 실시

○ 매년 부총리실에서 "SAFER PLACES-THE PLANNING SYSTEM AND CRIME PREVENTION"이라는 건축 지침을 발간하며 동 지침에 따라 자치단체별 건축지침 마련, 운용

☐ 캐나다

○ TORONTO시, 1992년 도시개발 및 계획가들을 위한 매뉴얼로 '안전한 도시환경을 위한 실무지침서' 발간
○ TORONTO시 PEEL 지역경찰은 주택건축 안내지침, 학교설립계획, 상가 및 공단 개발 등에 CPTED 개념을 적용

☐ 호 주

○ New South Wales 주의회는 2000년 시드니 올림픽에 대비, CPTED를 원용한 '안전설계(Design Safety)' 개념을 모든 건물과 공공시설 건축설계에 적용
○ 건축설계를 허가함에 있어 '범죄위험성 평가'를 의무화

☐ 일 본

○ 경찰청에서 안전한 도시를 위해 공학적 기법을 이용한 '도시방범 기준의 책정' 실시 중
○ 강력범죄 대처를 위해 도쿄·오사카의 주차장·공원·전철역 등 공공장소와 슈퍼마켓·24시 편의점에 CCTV설치

판교 '범죄예방을 위한 설계지침'(안)

☐ 건물구조

- 계단 등 건물의 공용부분은 외부에서 쉽게 볼 수 있는 장소에 위치
- 범죄인의 침입이 어렵도록 베란다 높이·창문 위지 등 결정

☐ 가로등·방범등

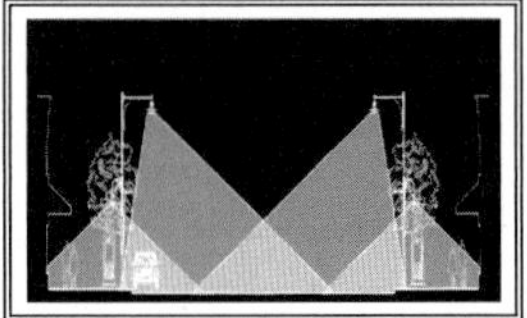

- 차량뿐 아니라 보행자 보호를 위한 가로등 설치
- 지역 특성에 따른 가로등 간 거리·조도 조정
- 골목길 등 우범예상 지역 중심 방범등 설치 등

☐ 조 경

- 사생활을 침해하지 않는 범위에서 가시성 확보를 위해 거주지 주변 조경 높이 등 제한
- 대로·놀이터 등 주변환경에 맞는 조경

☐ 놀이터 등 휴식공간

- 주거지 중심부에 놀이터 설치
- 외부에서 내부를 쉽게 볼 수 있는 담장 설치
- 주변에 시민들이 쉴 수 있는 공간구성

☐ 도로구조

- 자연적 감시가 가능하도록 도로 위치·폭 선정
- 지역 특성에 따라 cul de sac(막다른 골목)설치
  등 범죄예방 효과를 높일 수 있는 도로구조
  선정

☐ 방범시설물

- 상가 등 범죄예상지를 중심으로 CCTV 설치
- 출입카드·민간경비원 등을 통한 출입통제
  권고
- 주차장 등 취약지에 비상벨 설치

☐ 학교·관공서 등 기타 시설물도 범죄예방 효과를 고려한 지침 작성

• 저자 •

최응렬
(崔應烈)

• 약 력 •

동국대학교 경찰행정학과 졸업
동 대학원 법학박사학위 취득

동국대학교·인천대학교·경기대학교·경북대학교 수사과학대학원 강사(역임)
계명대학교 경찰학부 교수(역임)
대구지방경찰청 정부업무 심사평가위원회 위원(역임)
시민을 위한 경찰발전연구회 회장(역임)

현 경찰종합학교·경찰수사보안연수소·중앙경찰학교 외래교수
현 경찰대학 치안정책연구소 연구위원(비상임)
현 경찰청 자체평가위원회 위원
현 국가정보원 국제범죄분야 정책자문위원
현 한국공안행정학회 편집위원장
현 한국경찰학회 이사
현 사법시험, 행정고등고시 및 제5급, 제7급, 제9급 국가고시 출제 및 선정위원
현 경비지도사시험 출제 및 선정위원
현 동국대학교 경찰행정학과 교수

• 주요논저 •

• 연구논문

「폭주족의 실태와 대책에 관한 연구」
「신용카드범죄의 실태와 그 대책」
「여성범죄자의 교정에 있어서의 형평성 문제」
「신용카드위조범죄와 그 대책에 관한 연구」
「마약류범죄의 실태와 수요억제 전략」
「경찰행정학 전공자의 활용방안」
「학교폭력의 실태 및 대책」
「건전한 집회시위문화 조성방안」
「카드깡의 유형과 대응방안」
「국제조직범죄집단에 의한 신용카드위조범죄에 관한 연구」
「경찰의 조직폭력 단속활동에 대한 평가」

• 저서

「성숙한 사회의 범죄와 예방」(역서)
『형사정책』(공저)
『경찰학개론』(공저)
『경찰행정학』(편저)
『경찰개혁론』(편저)

외 다수

환경설계를 통한 범죄예방

• 초판 인쇄	2006년 5월 30일
• 초판 발행	2006년 5월 30일
• 지 은 이	최응렬
• 펴 낸 이	채종준
• 펴 낸 곳	한국학술정보㈜
	경기도 파주시 교하읍 문발리 526-2
	파주출판문화정보산업단지
	전화 031) 908-3181(대표)·팩스 031) 908-3189
	홈페이지 http://www.kstudy.com
	e-mail(e-Book사업부) ebook@kstudy.com
• 등 록	제일산-115호(2000. 6. 19)
• 가 격	25,000원

ISBN   89-534-4996-0 93350 (Paper Book)
       89-534-4997-9 98350 (e-Book)